원샷 123 경제학
핵심이론 정리

[제3판]

장선구

비앤엠북스
Business & Management Books

차례

contents

PART 01 경제이론 정리[제3판]

미시경제학

contents

거시경제학

미시경제학

001 희소성과 기회비용

1. 희소성과 선택

인간의 욕망은 무한 vs 제한된 경제적 자원

⇨ ∴ 선택에 직면

2. 기회비용과 매몰비용

(1) 기회비용(opportunity cost)

: 어떤 선택을 함으로써 포기해야 하는 다른 선택대안들 중에서 가장 가치가 큰 것

(2) 매몰비용(sunk cost)

: 지출한 뒤 이미 회수가 불가능한 비용

⇨ 의사결정에서 제외

3. 생산가능곡선

(1) 개념

가장 효율적, 최대로

(2) 접선의 기울기

■ 한계 변환율(MRT)

$$MRT_{XY} = \frac{MC_X}{MC_Y}$$

■ 기회비용과 형태

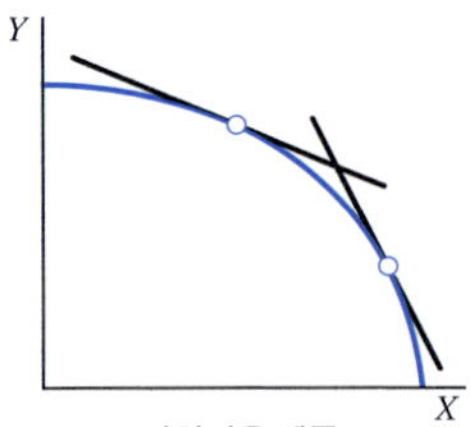

기회비용 체증

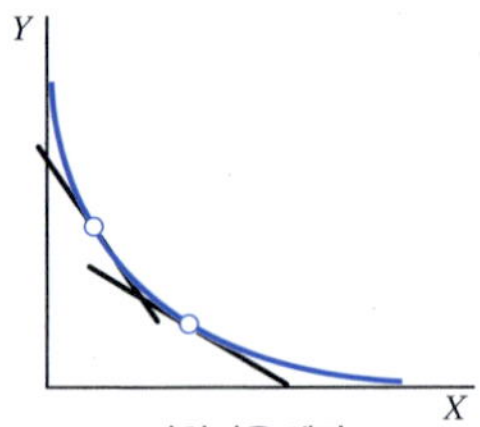

기회비용 체감

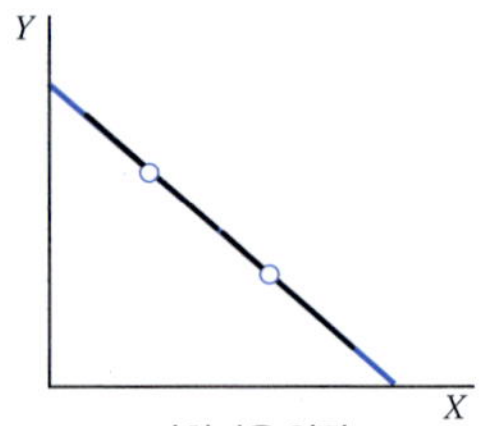

기회비용 일정

(3) 이동

① 기술진보

② 교육수준 향상

③ 천연자원 발견

④ 인구증가

⑤ 경제활동참가율 상승(소비자 선호의 변화는 생산가능곡선 상의 이동)

◎ 암묵적 비용과 두 가지 이윤개념

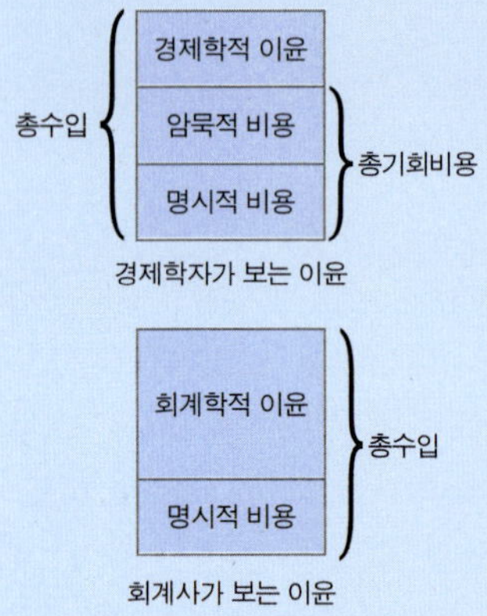

참고 **경제학 방법론**

1. 저량과 유량

(1) 저량(stock)
① 일정시점
② 통화량, 자본량, 국부, 외환보유고

(2) 유량(flow)
① 일정기간
② (국민)소득, 국제수지, 수출, 수입, 소비, 투자, 수요, 공급

2. 인과의 오류와 구성의 오류

(1) 인과의 오류

(2) 구성의 오류
- 부분 ⇨ 전체
  예 가수요, 절약의 역설

3. 실증경제학 vs 규범경제학

(1) 실증경제학
객관적, 사실(fact)

(2) 규범경제학
주관적, 가치판단, 바람직

002 수요와 수요곡선 응용

1. 수요의 개념

① 유량 : 일정기간
② 사전적 : willingness to purchase

2. 수요량의 변화와 수요의 변화

① 수요량의 변화 : 곡선상의 이동 ⇨ x, y축의 변수가 움직일 때
② 수요의 변화 : 곡선 자체의 이동

3. 수요법칙의 예외 : 베블렌 효과

① 재화의 가격이 상승할 때 오히려 재화의 소비량 증가
② 수요곡선 우상향 (∵ 과시위해)

$$Q_X{}^d = f(P_X, P_Y, M, \text{과시})$$

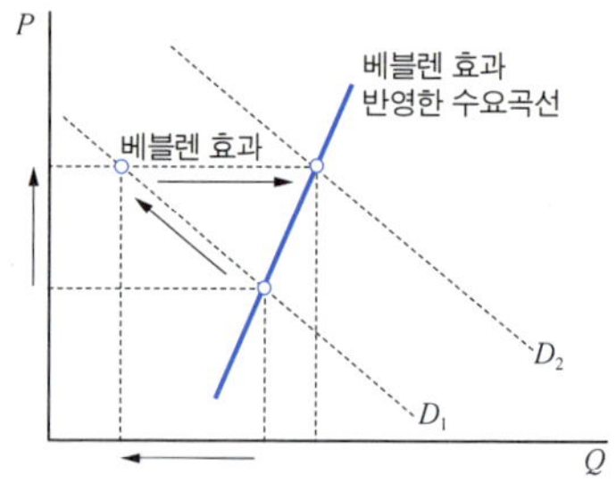

참고 소비자주권

희소한 자원을 배분하는 과정에서 소비자의 선호가 반영되는 것

참고 수요곡선

$$Q^d_X = -P_X + 5 + 2M - P_Y$$

- 수요법칙 성립
- 정상재
- 보완재

003 네트워크 외부성

1. 개념

어떤 개인의 수요가 다른 사람들의 수요에 영향을 주고받는 상호작용 효과

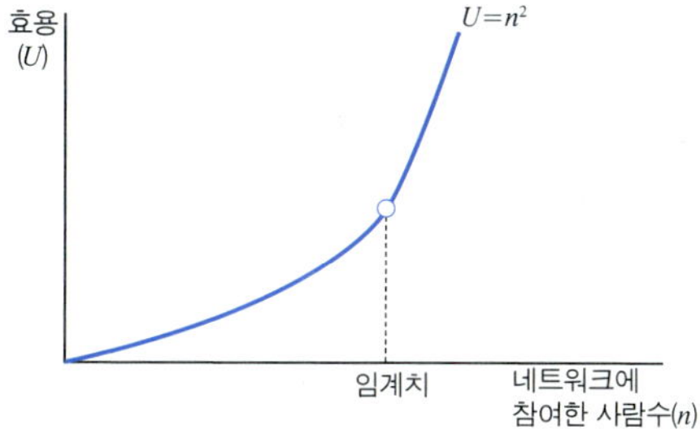

2. 편승효과와 속물효과

(1) 편승효과

① 밴드웨건 효과, 시류효과, 악대차 효과 → 유행

② 시장 수요곡선이 좀 더 탄력적

(2) 속물효과

① 명품처럼 한정된 수량 → 특권의식

② 시장수요곡선 좀 더 비탄력적

편승효과와 속물효과

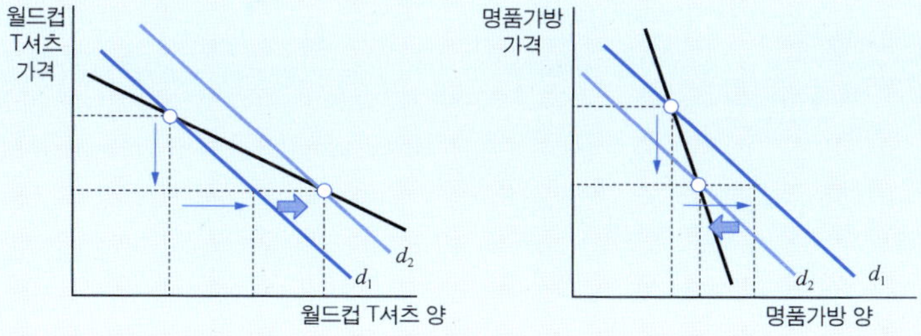

004 공급과 공급곡선 응용

1. 공급의 개념

① 유량 : 일정기간 ② 사전적 : willingness to make

2. 공급곡선의 이동

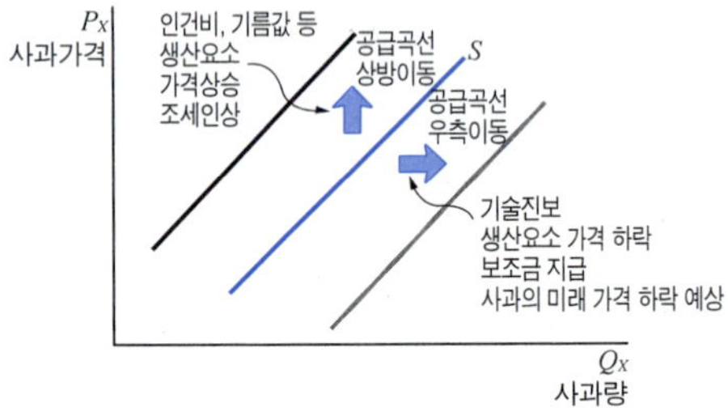

참고 수요곡선과 공급곡선의 의미

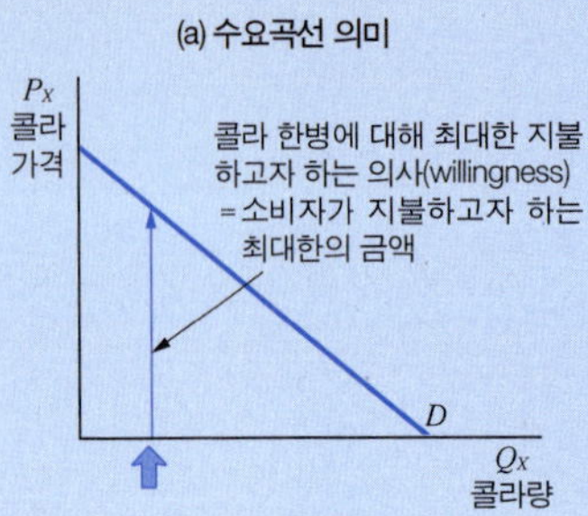

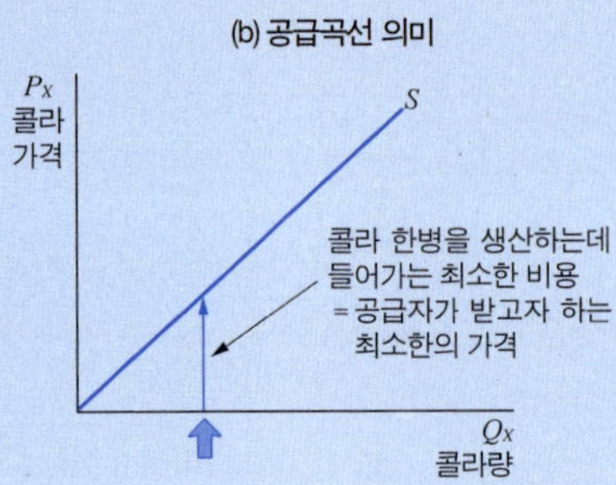

005 균형의 개념과 균형 조정과정

1. 균형의 개념

~have no incentive to change

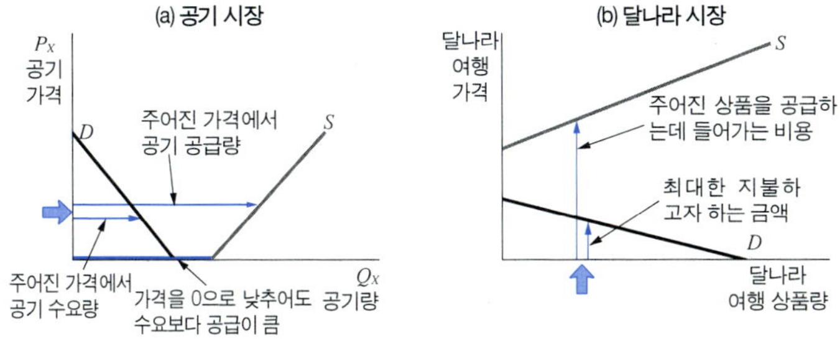

2. 균형조정과정 왈라스 균형 vs 마샬 균형

3. 거미집이론

① 시차도입
② 동태적(dynamic) → 정태적 기대
③ 농산물(배추, 고추 등)
④ 공급량이 전기($t-1$)의 가격에 의존

$$Q_t^d = f(P_t) \qquad Q_t^s = f(P_{t-1})$$

참고 거미집 모형의 수렴조건→형태로 기억

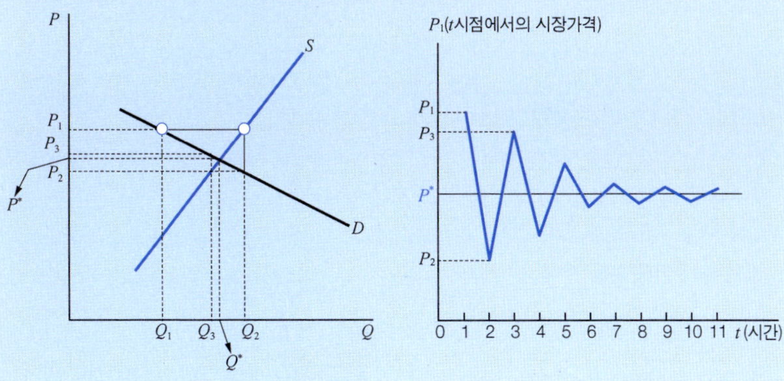

006 탄력성

1. 가격 탄력성의 개념과 구하는 방법

(1) 개념

$$\varepsilon = \underbrace{\frac{\Delta Q_X}{\Delta P_X}}_{①} \times \underbrace{\frac{P_X}{Q_X}}_{②}$$

② → 가격과 수요량이 어디에 위치했는가가 중요함

① → 가격이 변화했을 때 수요량이 얼마나 변화했는가 의미
→ Q를 P로 미분한 값
→ 기울기의 역수

$$Q_X^d = f(P_X, P_Y, M)$$

P_X: (수요의) 가격탄력성
P_Y: (수요의) 교차탄력성
M: (수요의) 소득탄력성

(2) 계산방법

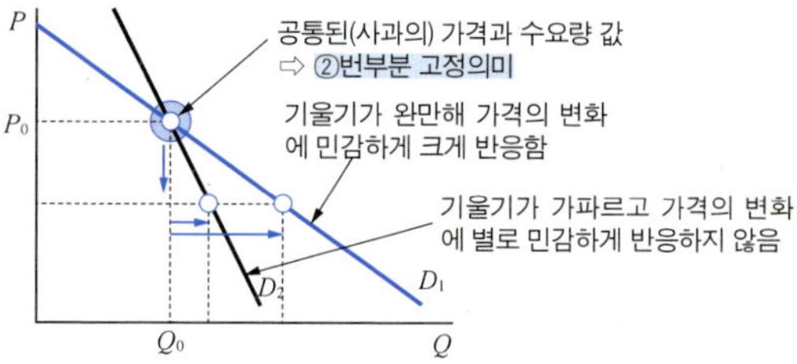

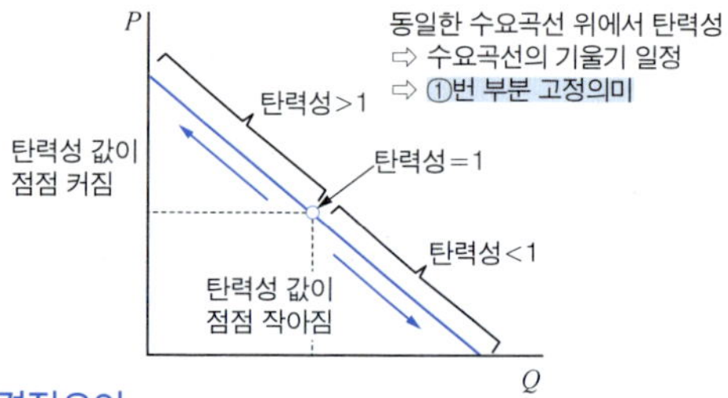

2. (수요의) 가격탄력성 결정요인

① 대체재의 수 : 많을수록 탄력적
② 소비에서 차지하는 비중 : 클수록 탄력적
③ 재화의 분류범위 : 좁을수록 탄력적
④ 재화의 성격 : 필수품 vs 사치품
⑤ 기간의 장단 : 길수록 탄력적

3. 탄력성과 판매수입 관계

판매수입$=P\times Q$

(1) $P\downarrow$ ⇨ Q ⬆ : 판매수입($P\times Q$)⬆
(2) P⬇ ⇨ $Q\uparrow$: 판매수입($P\times Q$)$\downarrow$

사과에 대한 수요량

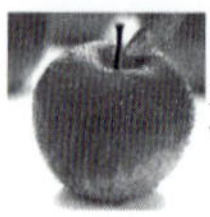

사과의 가격: 가격탄력성
소득: 소득탄력성
다른 재화(배)의 가격: 대체탄력성

007 탄력성의 응용

1. 소득탄력성

(1) 정의 $\varepsilon_M = \dfrac{\text{수요량의 변화율}}{\text{소득의 변화율}} = \dfrac{\Delta Q_D}{\Delta M} \cdot \dfrac{M}{Q_D}$

(2) 구분

ε_M → $\varepsilon_M > 0$ 정상재 → $\varepsilon_M > 1$ 사치재, $\varepsilon_M < 1$ 필수재

ε_M → $\varepsilon_M < 0$ 열등재

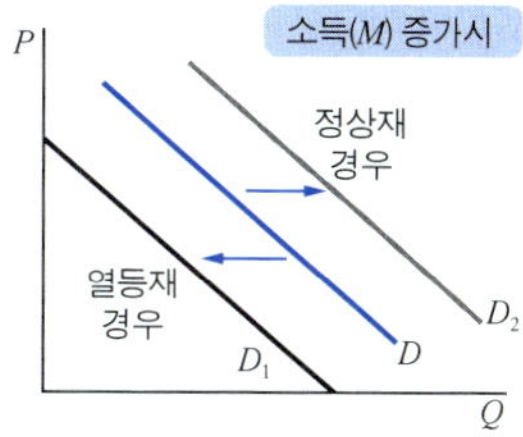

2. 교차탄력성

(1) 정의 $\varepsilon_{XY} = \dfrac{X\text{재의 수요량의 변화율}}{Y\text{재의 가격 변화율}} = \dfrac{\Delta Q_X}{\Delta P_Y} \cdot \dfrac{P_Y}{Q_X}$

(2) 구분

① 대체재 관계 : $\varepsilon_{XY} > 0$
② 보완재 관계 : $\varepsilon_{XY} < 0$

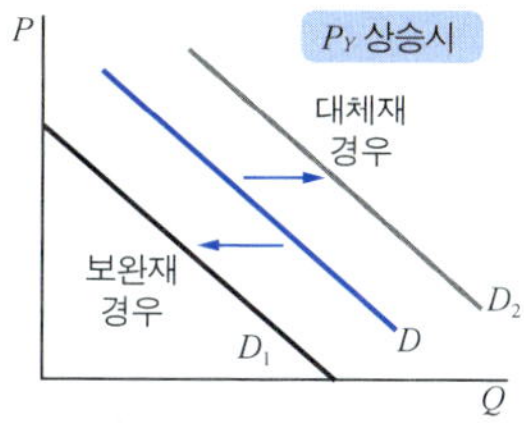

참고 1 내구재(자동차)의 경우 가격탄력성

내구재인 자동차는 휘발유와 같은 비내구재에 비해서 가격탄력성과 소득탄력성이 장기가 단기보다 작음

참고 2 탄력성이 일정한 경우

수요함수가 $Q = P^{-\alpha}$일때 탄력성은 α

참고 3 변화율과 아모로소-로빈슨 공식

$$\boxed{TR = PQ} \rightarrow \frac{\Delta TR}{TR} = \frac{\Delta P}{P} + \frac{\Delta Q}{Q}$$

$$\boxed{TR = PQ} \rightarrow \frac{\Delta TR}{\Delta Q} = P\left(1 - \frac{1}{\varepsilon}\right)$$

참고 4 공급의 가격탄력성

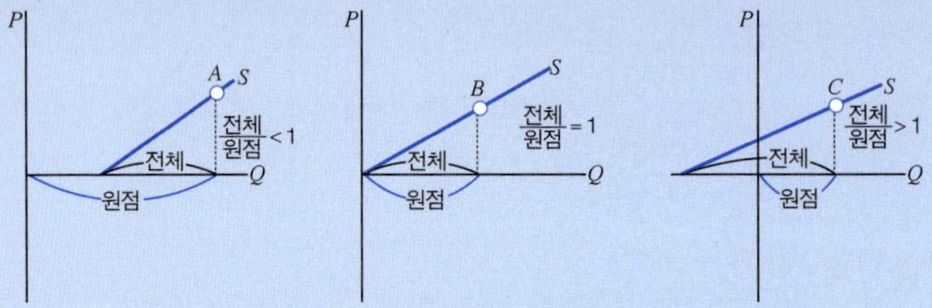

008 소비자잉여와 생산자 잉여

1. 소비자 잉여(CS)

① CS = 소비자의 최대 구입용의 총금액 − 실제 지불금액

② 수요곡선의 높이는 최대한 지불하려는 금액(*Willingness to pay*, *MB*)의미

2. 생산자 잉여(PS)

① PS = 생산자의 실제 받은 금액 − 생산비용

② 공급곡선의 높이는 재화를 생산하기 위한 기회비용(*MC*)의미

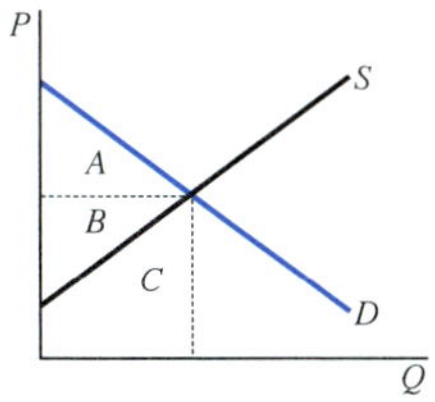

소비자 최대 지불액 $= \boxed{A} + B + C$ → 소비자 잉여

소비자 실제 지불액 $= B + C$

생산자 실제 수취액 $= \boxed{B} + C$ → 생산자 잉여

생산자 최소 수취액 $= C$

참고 **생산량이 최적수준(Q^*)을 벗어날 경우 후생손실**

- 과소생산(Q_0)일 경우에는 A만큼 후생손실
- 과잉생산(Q_1)일 경우에는 B만큼 후생손실

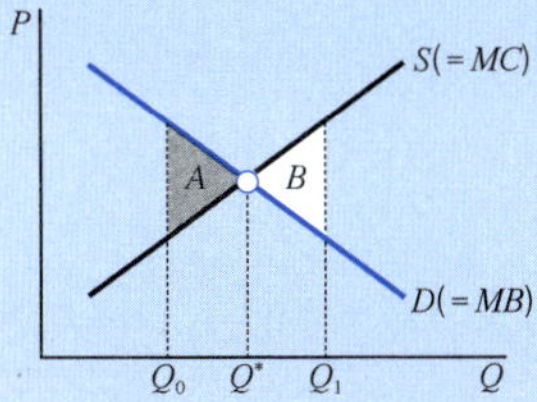

009 최고 가격제와 최저 가격제

1. 최고가격제 (= 가격 상한제)

(1) 개념과 배경

① 시장 가격이 너무 높다고 생각되는 경우 (시장균형가격 > 상한가격)

② 주택임대료 상한제, 이자율 규제

(2) 평가

① 초과수요 발생 → 소비자 지불의사 기준이 아닌 선착순, 배급, 친분관계 적용(차별가능)

② 자원배분이 비효율적, 불공평적 → 사회적 후생손실

③ 암시장 발생가능과 품질저하

참고 임대료 규제의 장단기 효과

장기로 갈수록 수요와 공급곡선이 보다 탄력적이 되므로 자원배분의 왜곡효과는 더욱 심해짐

2. 최저가격제 (= 가격하한제)

(1) 개념과 사례

① 최저임금제 → 임금경직성, (비자발적) 실업유발

② 해고된 노동자의 후생은 오히려 감소

(2) 최저임금제와 총노동소득

$$총노동소득 = wL$$

⇨ 임금이 1% 상승시 노동수요량이 1%보다 크게 감소하면(탄력적), 총노동소득이 감소

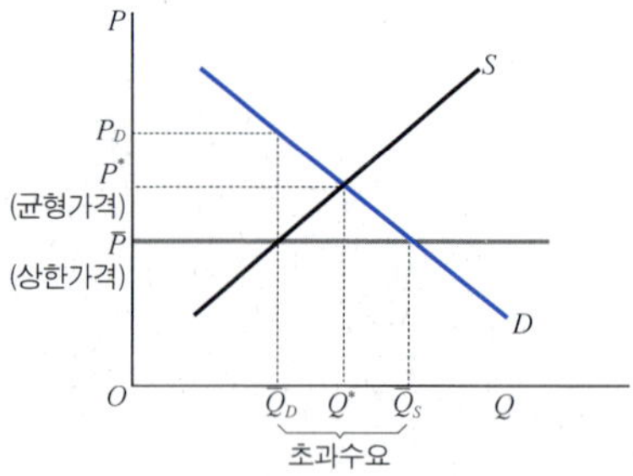

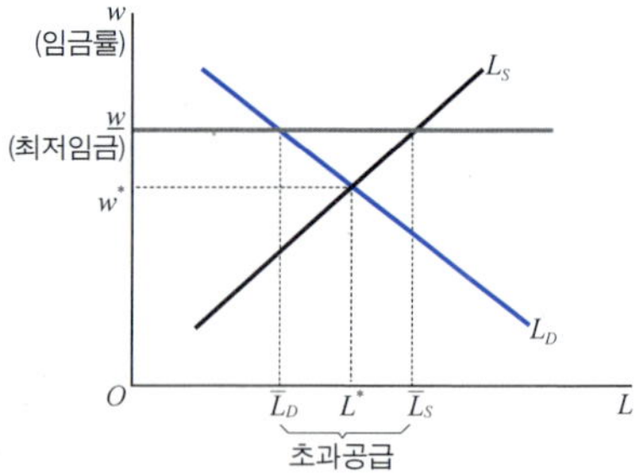

010 조세와 귀착

1. 물품세의 귀착

① 종량세와 종가세

② 협상력(탄력성)에 따라서 달라짐

③ 물품세의 납세 의무가 소비자에 있는 경우

소비자는 세금이 포함된 것이든 포함되지 않은 것이든 간에 자기가 내는 가격에만 관심

→ 예전과 같은 가격을 내고자 할 것

∴ 공급자가 실제로 받는 가격은 소비자가 내려는 가격에서 세금을 뺀 것으로 수요곡선 하방이동

■ 경제적 귀착의 측면에서 보면 소비자와 생산자 중에서 누구에게 납세의무를 지우는지는 실질적인 차이가 없음

물품세의 귀착 : 소비자가 납세의무를 지는 경우

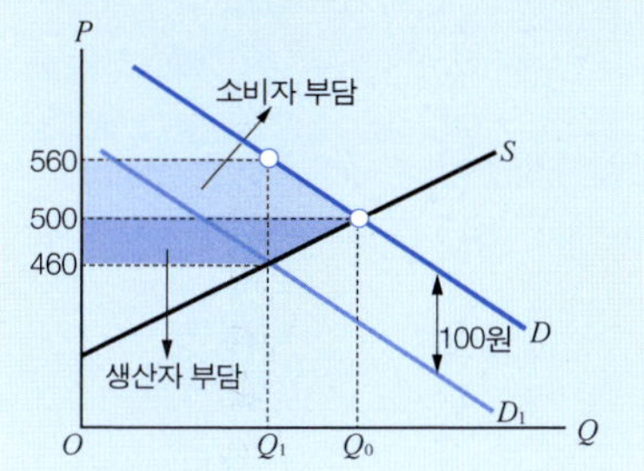

물품세의 귀착 : 생산자가 납세의무를 지는 경우

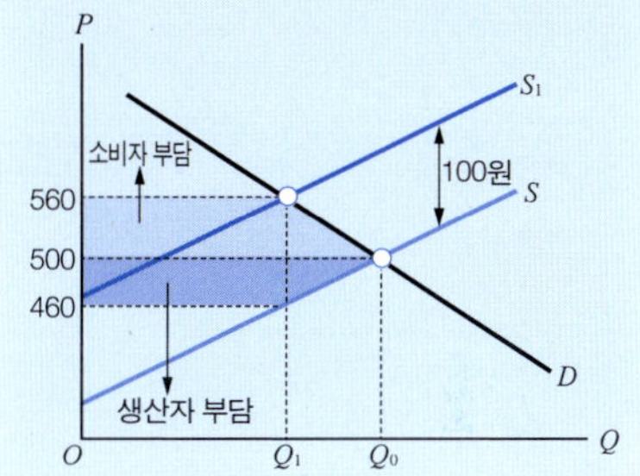

참고 조세가 후생에 미치는 영향

	조세 부과전	조세 부과후
소비자잉여	$A+B+E$	A
생산자잉여	$C+D+F$	D
정부 세수		$B+C$
사회총잉여	$A+B+C+D+E+F$	$A+B+C+D$

$E+F$ → (사중손실)

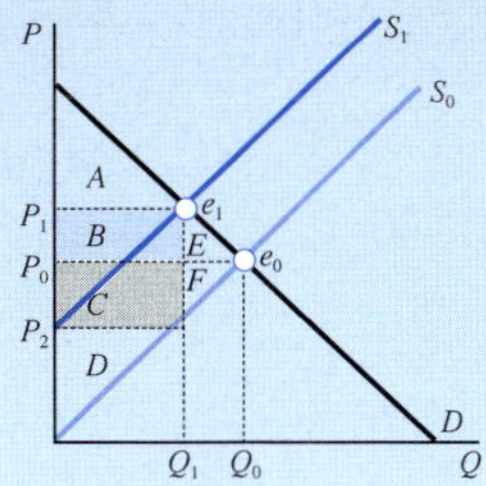

④ 보조금 지급의 경제적 효과

- 보조금 지급의 실질적 효과는 조세와 마찬가지로 생산자와 소비자 누구에게 지급되든 경제적 효과는 동일
- 보조금 지급으로 소비자 지불가격은 하락, 생산자 수취가격은 상승
- 거래량은 증가
- 소비자 잉여는 증가, 생산자 잉여증가, 정부잉여 감소 → 총잉여 감소(초과부담 발생)

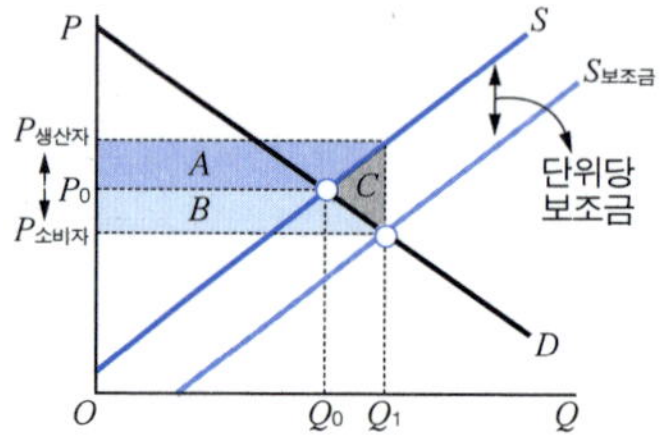

소비자잉여 : + B

생산자잉여 : + A

+) 보조금 지출: – $(A + B + C)$

사회후생변화: – C

가격탄력성과 조세부담

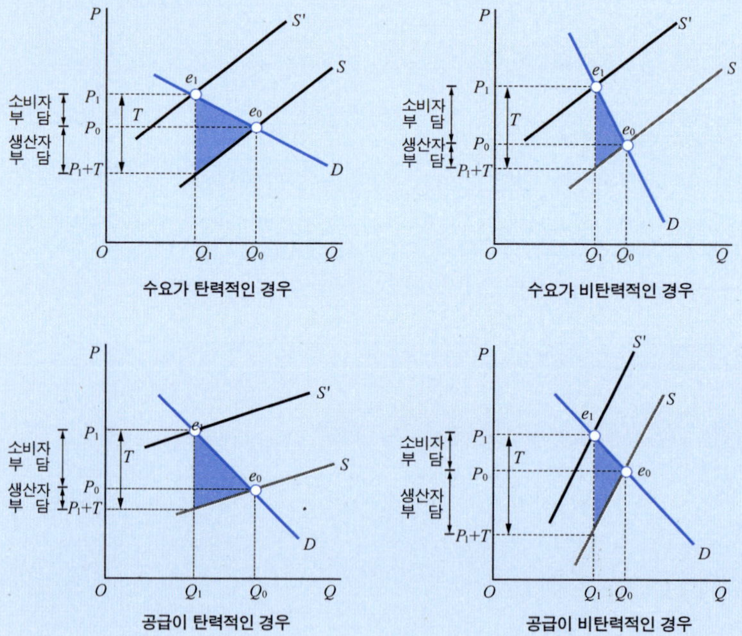

수요가 탄력적인 경우

수요가 비탄력적인 경우

공급이 탄력적인 경우

공급이 비탄력적인 경우

2. 물품세의 초과부담

초과부담은 ① 세율 ② 수요의 가격탄력성 ③ 상품 거래액이 커질수록 더욱 커짐.

물품세의 초과부담 : 시장의 차원

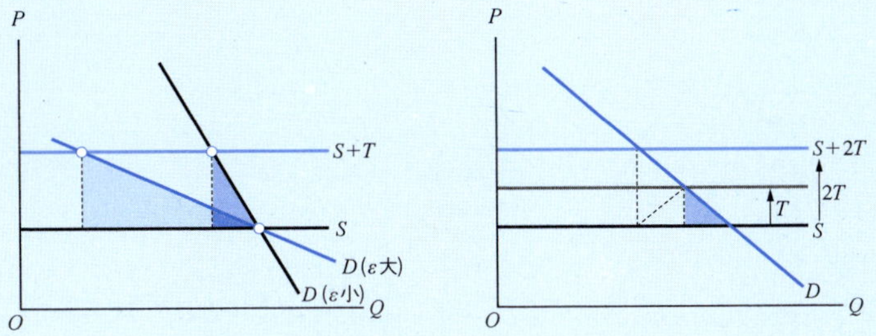

$$EB = -\frac{1}{2}tP\Delta Q = \frac{1}{2}t\left(-\frac{\Delta Q}{\Delta P}\cdot\frac{P}{Q}\right)Q\Delta P\frac{P}{P} = \frac{1}{2}t^2\varepsilon_P PQ\left(t = \frac{\Delta P}{P}\right)$$

※ 일반화 경우는 $EB = \frac{1}{2}t^2\frac{1}{\frac{1}{\varepsilon_P}+\frac{1}{\eta_P}}PQ$

(단, ε_P은 수요탄력성, η_P는 공급탄력성)

011 총효용과 한계효용

1. 총효용과 한계효용

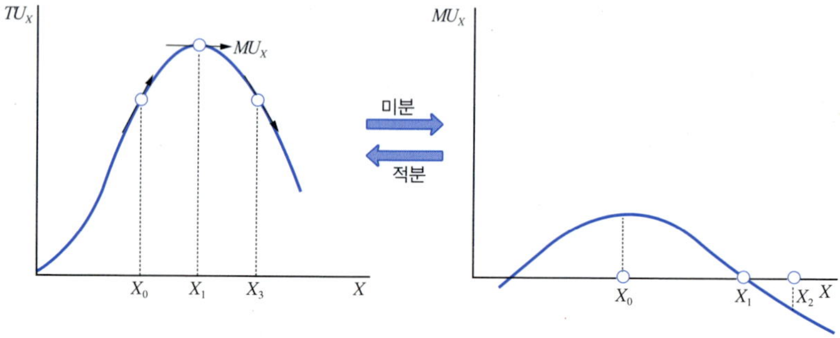

① 한계효용(MU_X) $= \dfrac{\Delta TU_X}{\Delta X}$

※ 한계=한 단위 증가시=추가적으로(additional)=접선의 기울기=미분

② $MU>0 \rightarrow TU$ 증가, $MU=0 \rightarrow TU$ 극대, $MU<0 \rightarrow TU$ 감소

2. 물과 다이아몬드의 역설

(1) 배경

① 일상생활에 꼭 필요한 물은 가격이 낮고, 반면에 꼭 필요하지 않은 다이아몬드의 가격은 매우 높은 이유

② A.Smith는 가치를 사용가치와 교환(시장)가치로 나눔

③ 물은 사용가치는 크나, 교환가치는 작고, 다이아는 사용가치는 작으나 교환가치는 큼

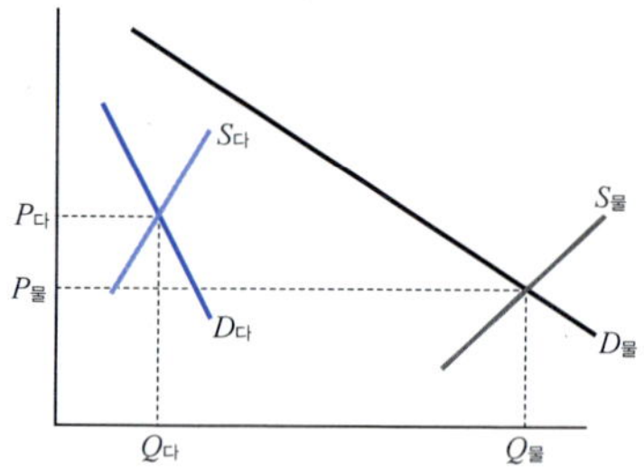

(2) 설명

① 한계효용학파는 소비자가 지불하려는 가격(willingness to pay)은 한계효용에 의해서 결정된다는 주장(not 총효용)

② 사용가치는 총효용, 교환가치는 한계효용에 의해서 결정

012 선호와 무차별 곡선

1. 선호의 기본공리

① 완비성 : 비교가능　　② 이행성 : 일관성
③ 연속성 : 가분성　　④ 단조성 : 다다익선, the more, the better
⑤ 볼록성 : 골고루 소비, 중용의 미덕

2. 무차별곡선

(1) 개념

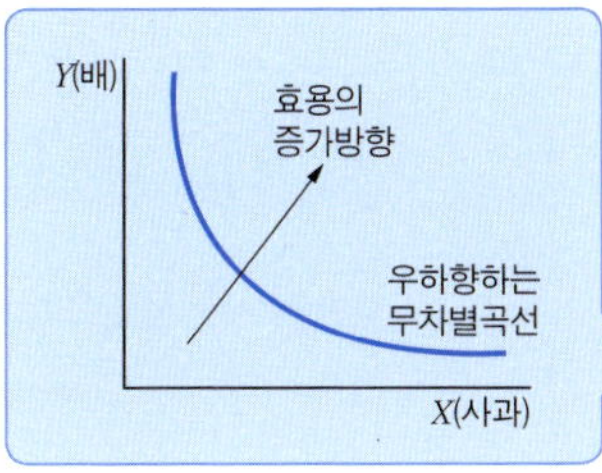

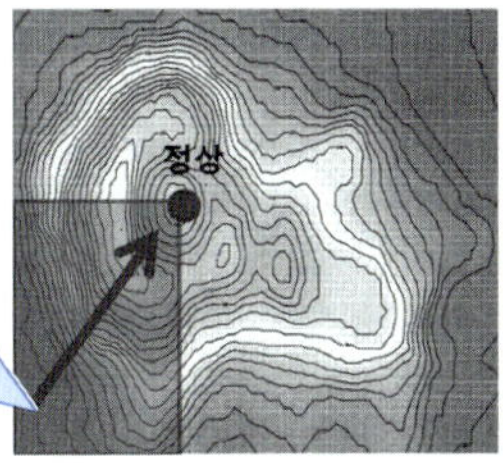

(2) 성질

① 우하향의 기울기 : $MU_X>0, MU_Y>0$, 쓰레기가 없음
② 원점에서 멀어질수록 효용이 증가 → 단조성
③ 교차 × : 이행성 위배
④ 원점에 볼록 : MRS_{XY}체감, 다양성 추구
※ 사전편찬식 선호 : 연속성 충족되지 않고, 무차별곡선이 존재 안함

참고 **IC의 볼록성**

극단적 상품 묶음 보다는 다양한 조합을 더 선호

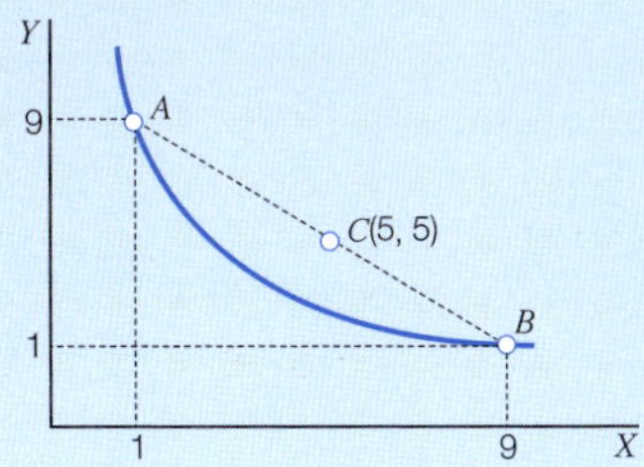

013 한계대체율

1. 개념

① 동일한 효용수준을 유지하면서 X재 1단위 증가를 위해서 포기해야 하는 Y재 수량
(→ 동일한 IC 상에서)

② IC의 접선의 기울기

③ 소비자의 주관적 교환비율

④ $MRS_{XY} = \dfrac{MU_X}{MU_Y}$

2. 한계대체율 체감법칙

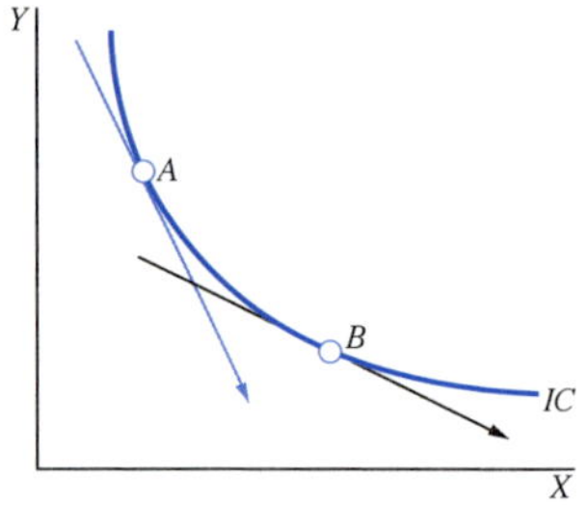

$$(A \rightarrow B) \Rightarrow \frac{MU_X \downarrow}{MU_Y \uparrow} \Rightarrow MRS_{XY} \downarrow$$

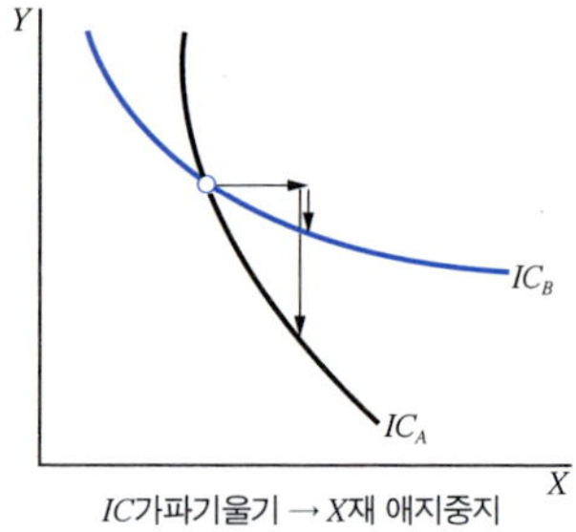

IC가파기울기 → X재 애지중지

참고 IC의 형태

완전대체재

$$U = aX + bY$$

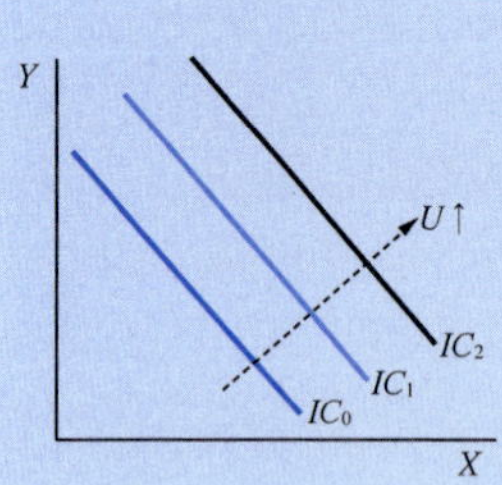

완전보완재

$$U = min\left(\frac{X}{a}, \frac{Y}{b}\right)$$

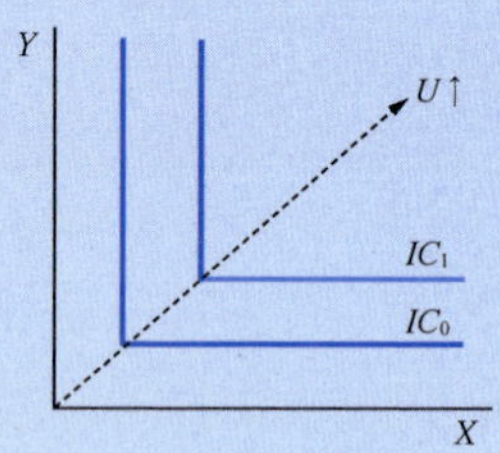

X재 중립재

$$U(X, Y) = Y + 0 \cdot X$$

$$(\therefore MU_X = 0)$$

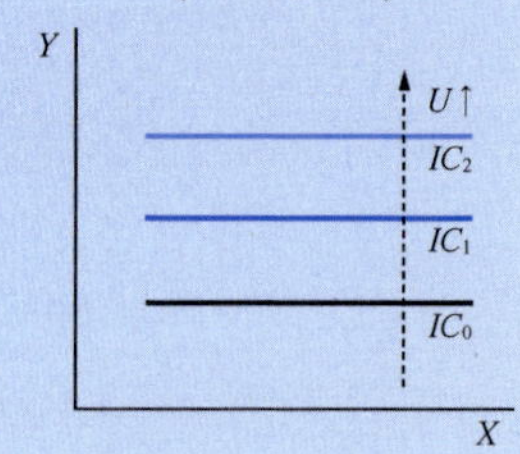

참고 **준선형 효용함수(소득효과=0) vs X재가 비재화인 경우**

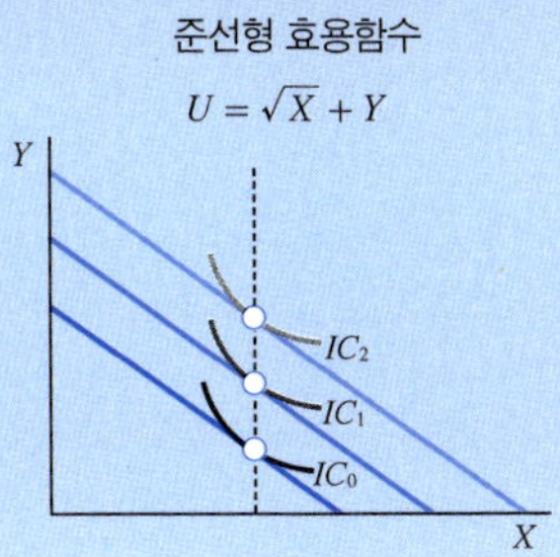

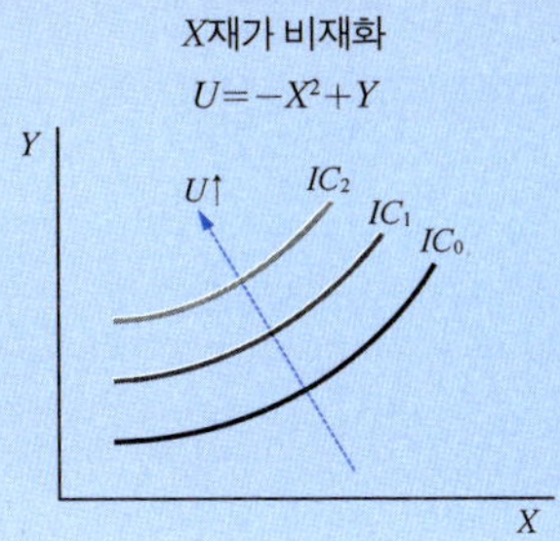

014 예산선

1. 예산선의 개념

주어진 소득으로 구입 가능한 영역

$$M = P_X \cdot X + P_Y \cdot Y$$

$$\Rightarrow Y = -\frac{P_X}{P_Y} \cdot X + \frac{M}{P_Y}$$

2. 예산선의 이동

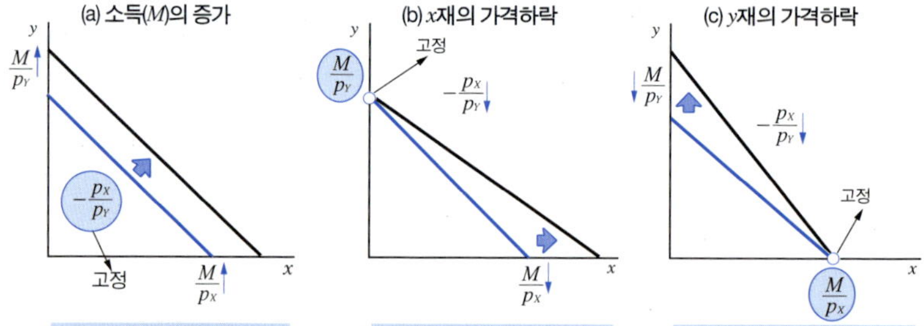

기울기의 일정
예산선의 평행 이동

기울기는 반시계 방향 이동
y절편 이동

기울기의 시계 방향 이동
x절편 이동

참고 예외적인 예산선 형태

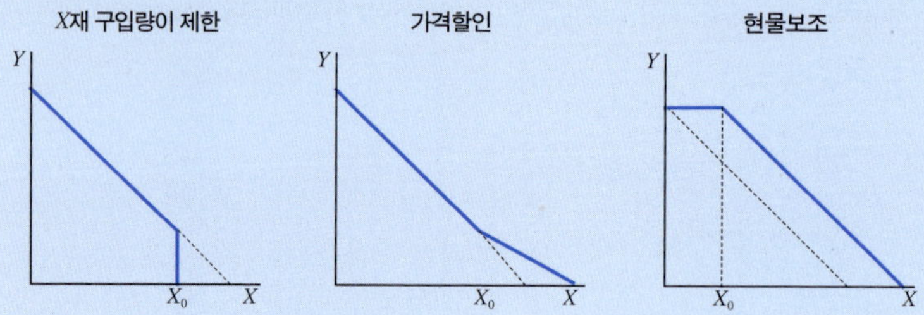

015 소비자균형

1. 균형조건

참고 1

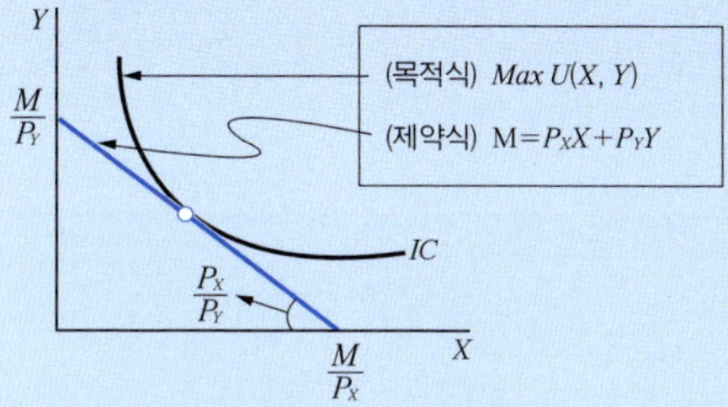

참고 2

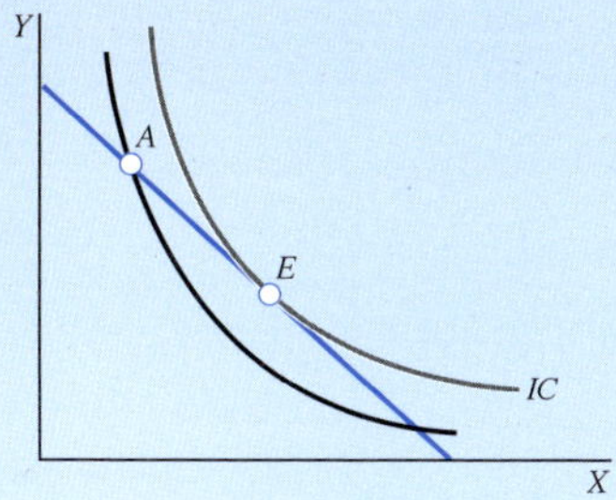

A점 균형이 깨진 경우

$MRS_{XY} > \frac{P_X}{P_Y}$

E점

① 무차별곡선과 예산선이 접함
② IC 기울기=예산선의 기울기
③ $MRS_{XY} = \frac{MU_X}{MU_Y} = \frac{P_X}{P_Y}$
④ 주관적 교환비율=객관적 교환비율
⑤ $\frac{MU_X}{P_X} = \frac{MU_Y}{P_Y}$ ⇨ 1원의 한계효용 동일

2. 예외적 소비자 균형

구석해(corner solution), 한계효용균등의 법칙 성립 ×

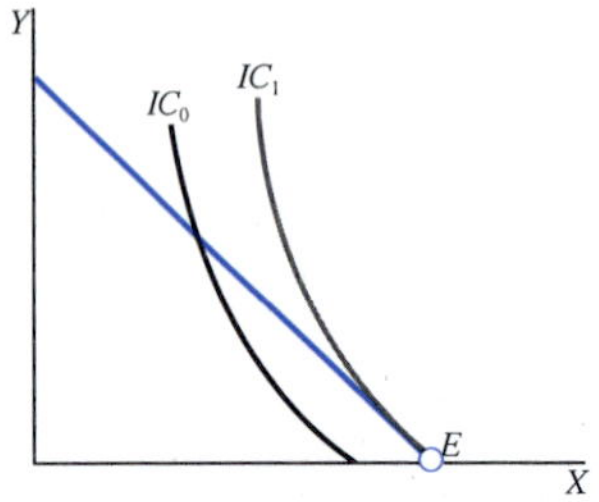

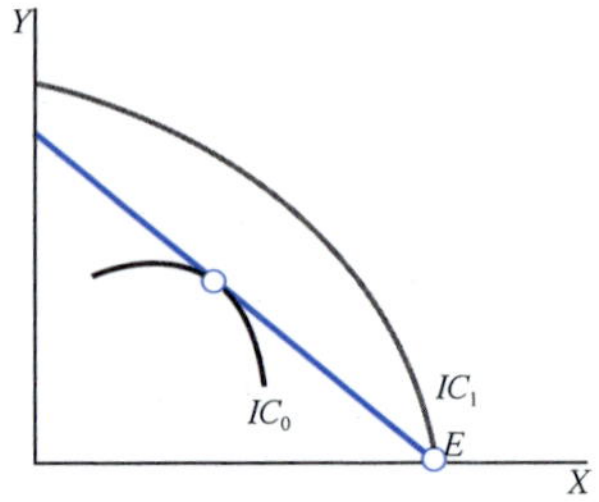

참고 3 **광고와 소비자 균형**

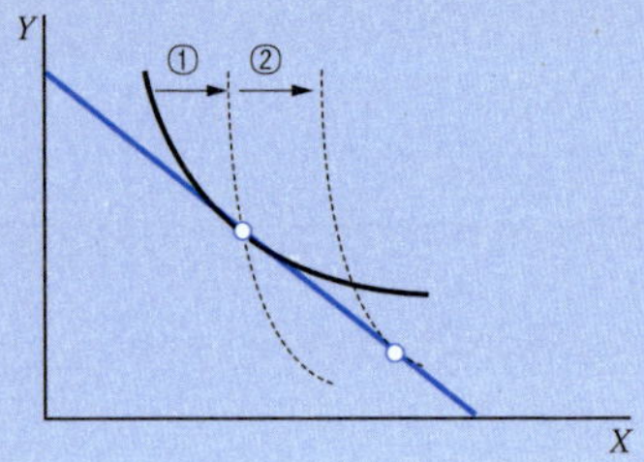

※ X에 대해서 광고를 하는 경우
① 광고를 통해 X재 더 선호 증가
⇨ (IC가 가파르게 변화)
② 광고로 X재 구입량 증가

016 ICC vs PCC

1. ICC

(1) ICC와 엥겔곡선

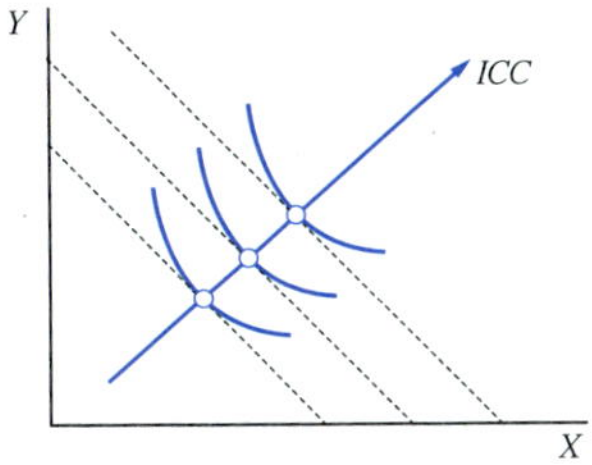

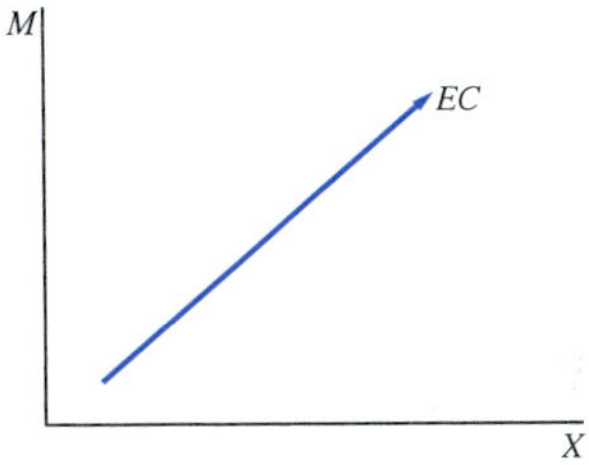

(2) ICC와 소득탄력성

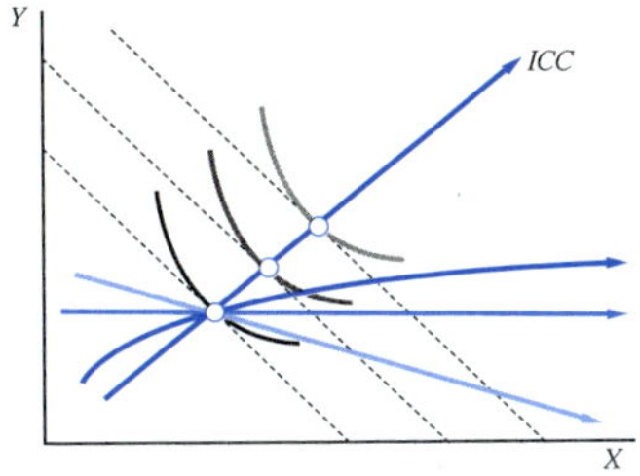

① 우상향 직선 형태: $\varepsilon_M^X = 1, \varepsilon_M^Y = 1$
② 완만한 형태: $\varepsilon_M^X > 1$(사치재), $\varepsilon_M^Y < 1$(필수재)
③ 수평: $\varepsilon_M^Y = 0$
④ 우하향: $\varepsilon_M^Y < 0$

2. PCC

(1) PCC와 수요곡선

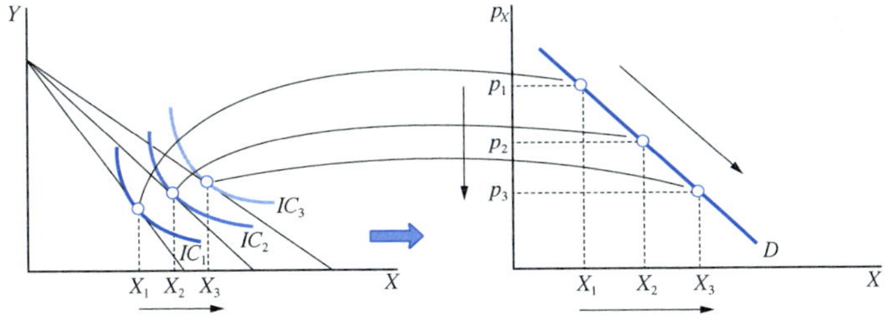

(2) PCC와 가격탄력성

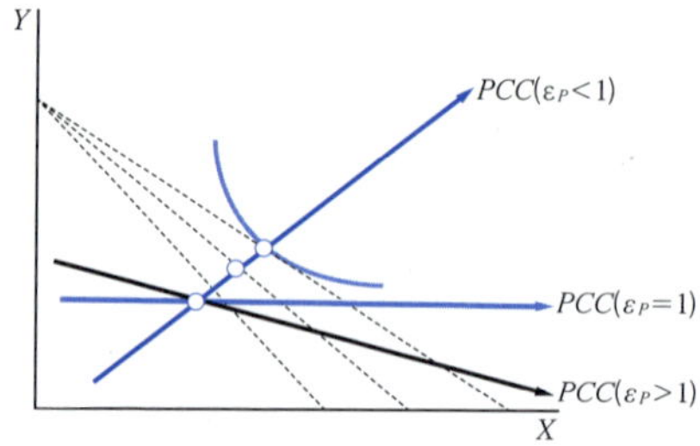

참고 $\varepsilon_P = 1$**인 경우**

① PCC 수평

② Y재 구입량 불변 ⇨ Y재 구입액 불변, X재 구입액(지출액) 불변, 소득(M) 불변

③ $\overline{M} = P_X\downarrow \cdot X\uparrow + \overline{P_Y} \cdot \overline{Y}$ ⇨ $P_X\downarrow$ 1% 가격하락은 $X\uparrow$ 1% 증가

참고 ***ICC*****와 엥겔곡선**

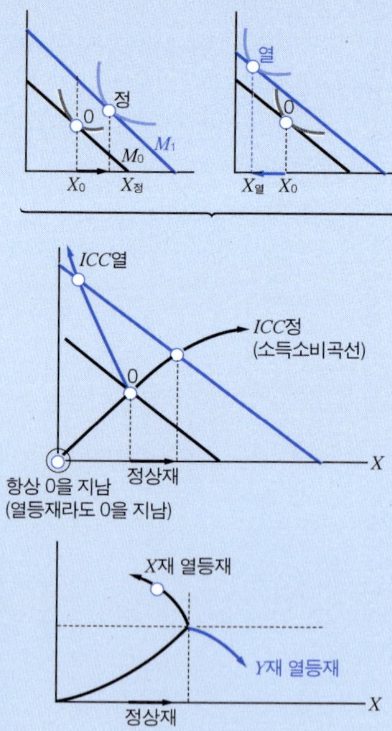

참고 **엥겔곡선 형태와 재화의 특성**

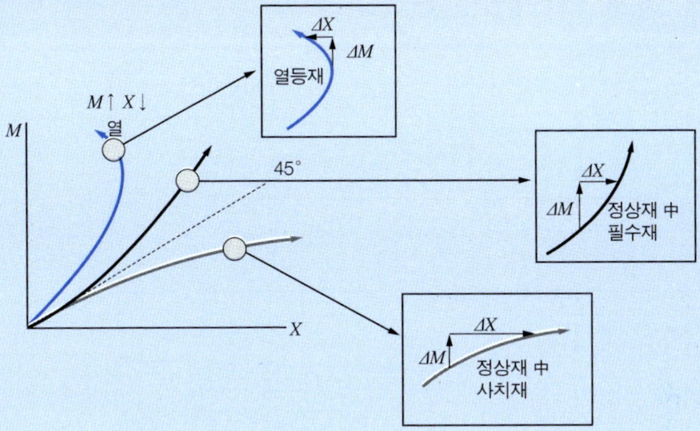

017 대체효과와 소득효과

1. 가격효과 = 대체효과 + 소득효과

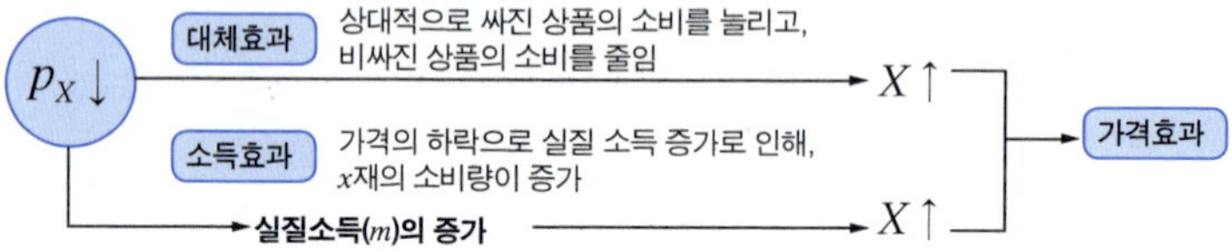

2. 대체효과 vs 소득효과

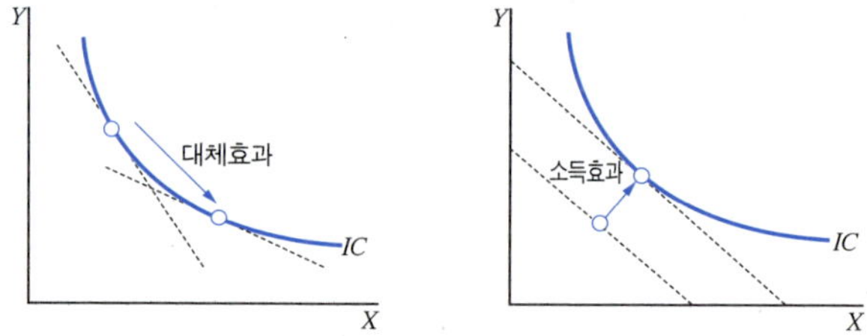

3. 예외적인 경우

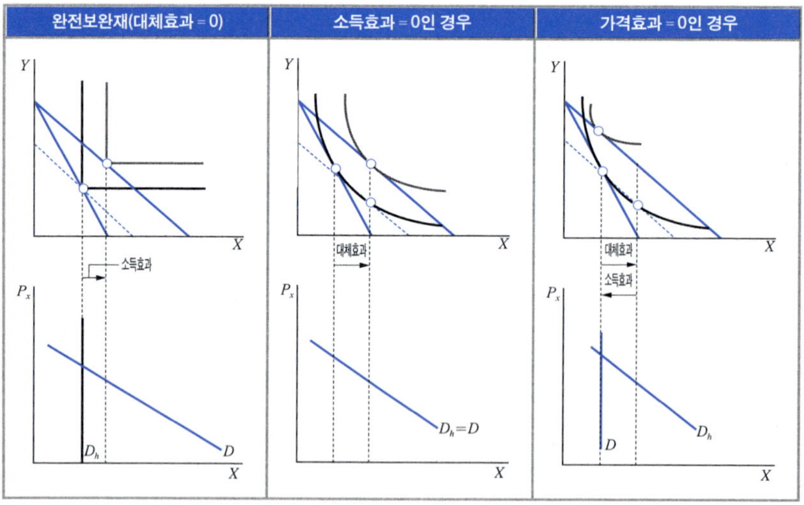

참고 기펜재

① 열등재 중에서 소득효과 > 대체효과

② 열등재는 독특한 상품이 아닌 대체재가 많이 있고, 그 중 가장 열등한 상품
→ 열등재는 본질적으로 대체효과가 클 수밖에 없음
(소주의 가격 상승은 맥주나 정종으로 쉽게 대체되고 연탄가격이 오르면 석유나 가스로 쉽게 대체됨
∵ 대체제가 많아 대체효과가 크기 때문)

③ 기펜재는 절대 다수의 소비자가 간신히 먹고 사는 경제에서 주식으로 이용되는 식품에서 발생 가능(19세기 대기근기에 아일랜드 감자)

참고 보통수요곡선과 보상수요곡선

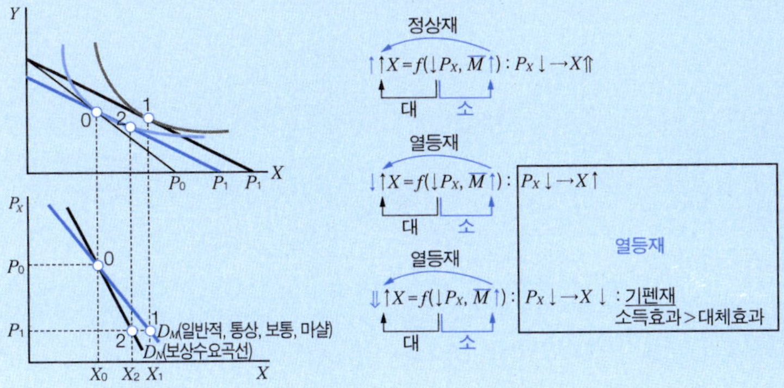

018 보상수요곡선

1. 보상수요곡선과 (보통의)수요곡선

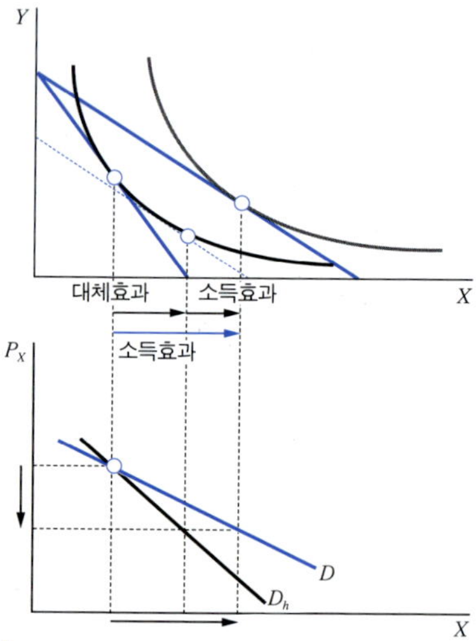

2. 보상변화와 동등변화

(1) 보상변화 : 변화 후(new) 가격을 기준으로

(2) 동등변화 : 원래 가격(old)가격을 기준으로

3. 힉스보상과 슬러츠키 보상

(1) 힉스 보상 : (IC에 접하게) 동일한 효용수준 유지

(2) 슬러츠키 보상 : 동일한 구매력 유지

참고 수요함수도출

(목적식) $U = X^{\alpha}Y^{\beta}$
(제약식) $M = P_X \cdot X + P_Y \cdot Y$

$$\boxed{MRS_{XY}} = \frac{MU_X}{MU_Y} = \frac{\alpha X^{\alpha-1}Y^{\beta}}{\beta X^{\alpha}Y^{\beta-1}} = \frac{\alpha}{B}\,\frac{Y}{X} = \boxed{\frac{P_X}{P_Y}}$$

$\frac{P_X}{P_Y} = \frac{\alpha}{\beta}\frac{Y}{X}$를 예산식에 대입하여 정리

$$X = \frac{\alpha}{\alpha+\beta}\cdot\frac{M}{P_X}$$

$(\varepsilon_P = \varepsilon_M = 1,\ \varepsilon_{XY} = 0)$

$U = min[aX,\ bY]$
$M = P_X \cdot X + P_Y \cdot Y$

효용함수 특성상 $aX = bY$성립해 예산식에 대입하여 정리

$$X = \frac{M}{P_X + \frac{a}{b}P_Y}$$

019 현시선호이론과 약공리

1. 현시선호이론 선호관계

(1) 직접 현시 모두 구입 가능한 상황 전제 → 약공리

(2) 간접 현시 예산집합이 서로 다를 때 → 강공리

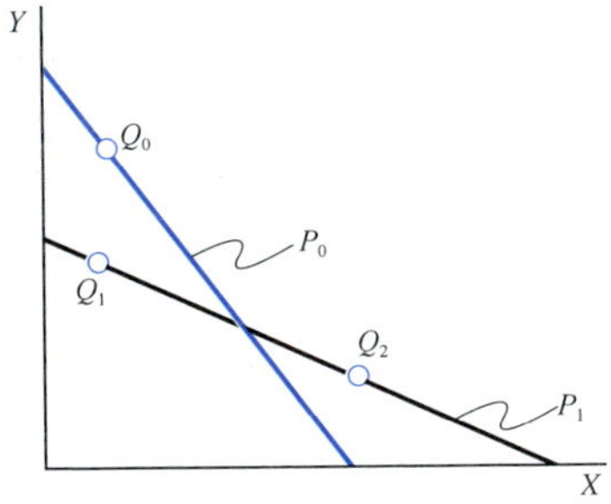

2. 약공리 위반 경우

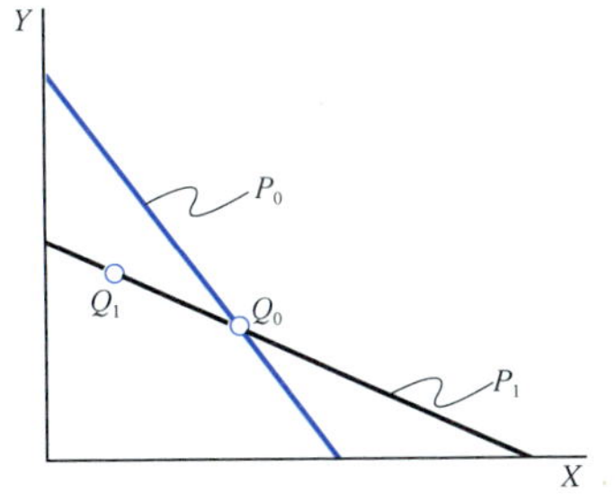

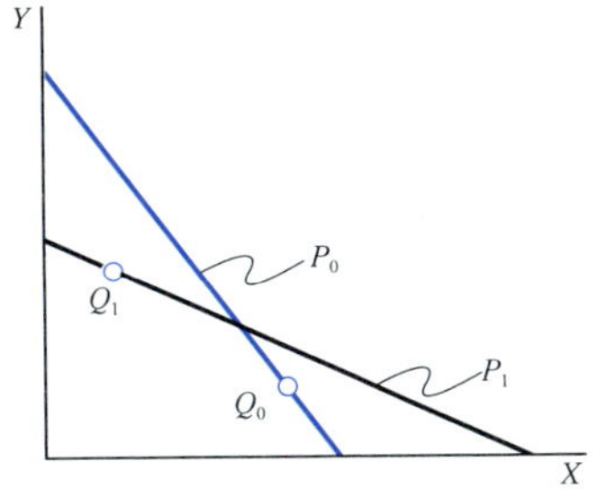

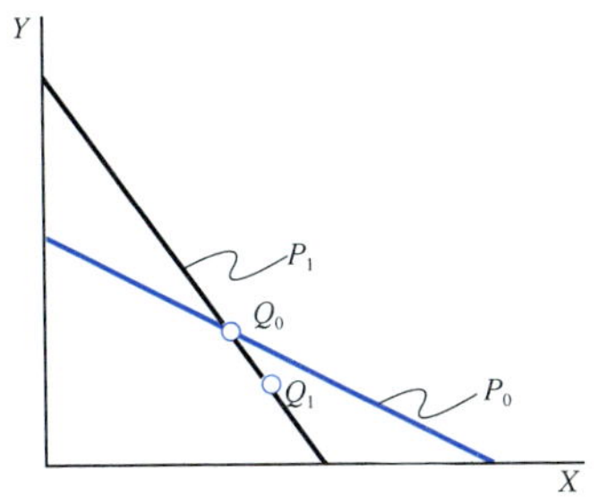

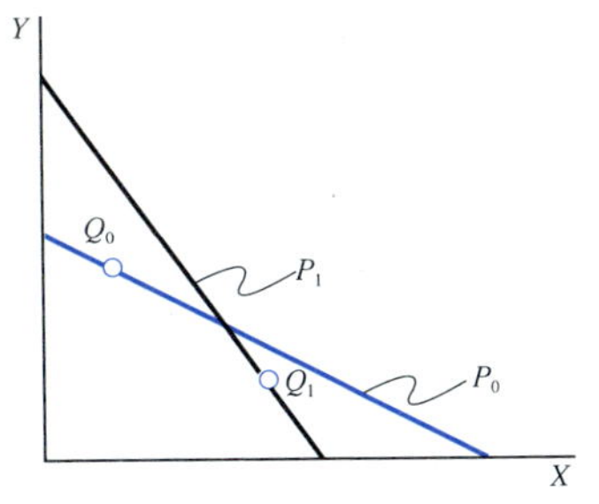

020 지수와 생활수준

※ 소비자 잉여는 특정 상품의 가격이 변화했을 때 소비자의 후생수준에 어떤 영향을 미치는가의 문제인데, 두 가지 이상의 상품가격이 동시에 변하고 소득도 변화하는 경우에 후생수준을 어떻게 판단할지가 관심

1. 후생수준이 증가한 경우

(1) 기본세팅

연도	P_x	P_y	x	y
2010	800원	1,200원	6개	8개
2015	1,000원	1,000원	5개	10개

	Q_0	Q_1
P_0		
P_1	14,000	15,000

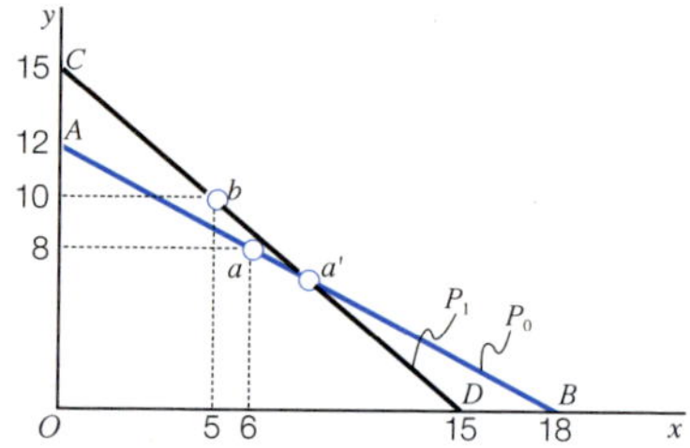

(2) 후생수준이 증가하는 기준

$P_1Q_1 \geqq P_1Q_0$

양변을 P_1Q_0로 나눔 → $\frac{P_1Q_1}{P_1Q_0} = P_Q \geqq \frac{P_1Q_0}{P_1Q_0} = 1$

양변을 P_0Q_0로 나눔 → $\frac{P_1Q_1}{P_0Q_0} \geqq \frac{P_1Q_0}{P_0Q_0}$ → $m \geq L_P$

2. 후생수준이 감소한 경우

(1) 기본 세팅

연도	P_x	P_y	x	y
2010	1,400원	700원	4개	12개
2015	800원	1,600원	6개	7개

	Q_0	Q_1
P_0	14,000	13,300
P_1		

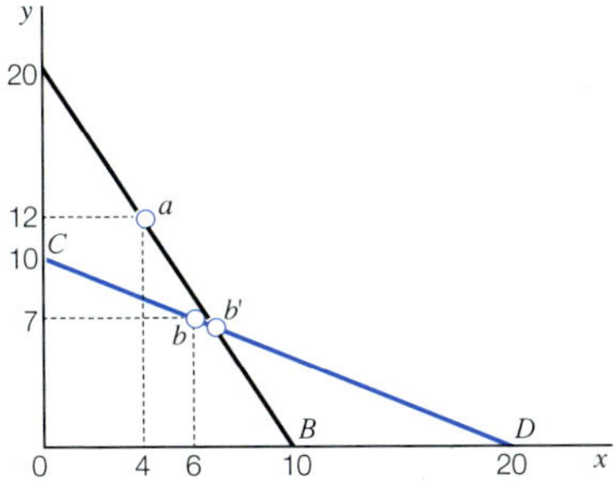

$$P_0Q_0 \geqq P_0Q_1$$

(2) 후생이 감소하는 기준의 확장

① 라스파이레스 수량지수가 1보다 작거나 같은 경우

② 파쉐가격지수가 명목소득의 변화율보다 크거나 같은 경우

$P_0Q_1 \leqq P_0Q_0$

- 양변을 P_0Q_0로 나눔 → $\dfrac{P_0Q_1}{P_0Q_0} = L_Q \leq 1$
- 양변을 P_1Q_1로 나눔 → $\dfrac{P_0Q_1}{P_1Q_1} \leqq \dfrac{P_0Q_0}{P_1Q_1}$ → $\dfrac{1}{P_P} \leq \dfrac{1}{m} \Longleftrightarrow m \leq P_P$

(3) 라스파이레스 수량지수가 1보다 큰 경우

소비자 후생수준은 증가할 수도 있고, 감소할 수도 있음

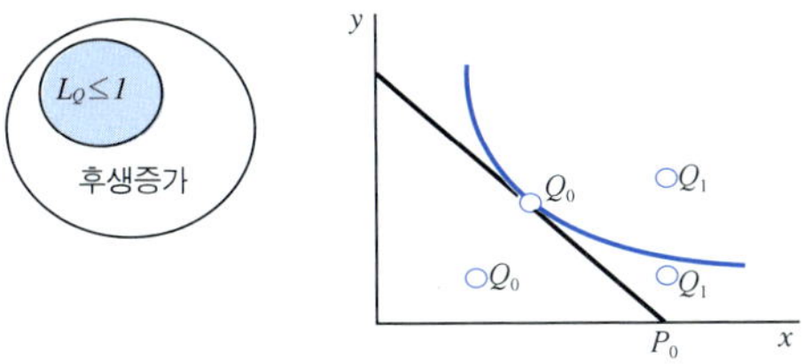

3. 후생수준 변화의 비교가 곤란한 경우

(1) 후생의 판별기준

$\Delta P, \Delta M$

- → $x\uparrow,\ y\uparrow$ 개선
- → $x\uparrow,\ y\downarrow$? (불분명)

연도	P_x	P_y	x	y
2010	1,400원	700원	4개	12개
2015	800원	1,600원	12개	4개

	Q_1	Q_2
P_1	A	C
P_2	B	D

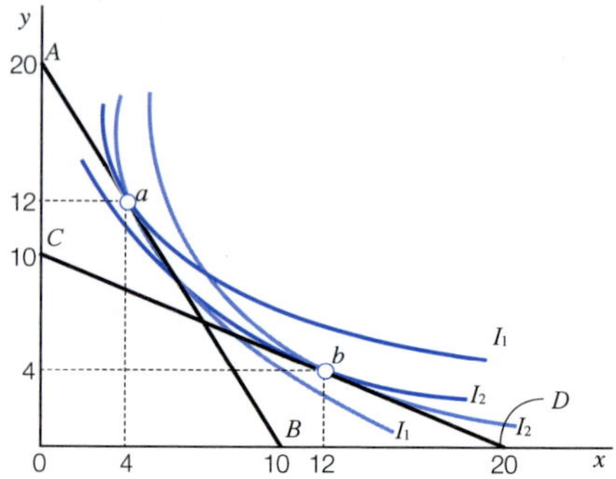

(2) 지수 : 라스파이레스 가격지수 vs 파쉐가격지수 vs 명목소득의 변화율

$$L_P = \frac{P_1Q_0}{P_0Q_0} = \frac{B}{A} \qquad P_P = \frac{P_1Q_1}{P_0Q_1} = \frac{D}{C} \qquad m = \frac{M_2}{M_1} = \frac{P_1Q_1}{P_0Q_0} = \frac{A}{D}$$

(3) 개선 여부의 판별

$$P_P(0.82) < m(1.1) < L_P(1.6)$$

① 라스파이레스 가격지수 > 명목소득증가율 → 후생감소
② 파쉐가격지수 < 명목소득증가율 → 후생 증가
③ 가격의 변화율과 소득의 변화율을 비교해서 소비자의 후생변화 방향을 짐작하는 것을 오류가 있을 수 있음

021 사회보장제도

1. 현금보조 vs 가격보조 vs 현물 보조

① 현금보조와 현물보조는 보조효과가 동일할 수도 있고, 다를 수도 있다.
② 보조대상인 재화(X재)의 소비량 증대 측면에서는 가격보조가 우월
③ 소비자 후생측면에서는 현금보조가 우월

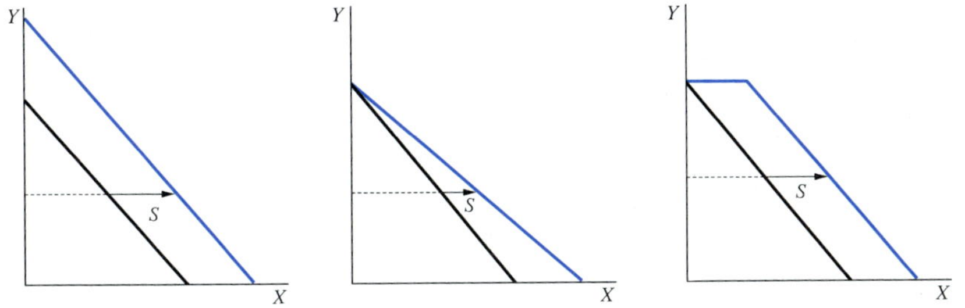

2. 완전보완재 선호일 때

① 대체효과=0
② 현금보조 효과=가격 보조 효과

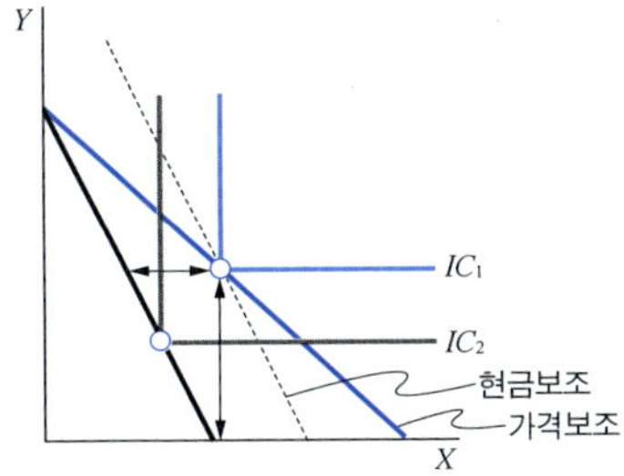

022 시점간 선택모형

1. 효용함수와 무차별 곡선

$$U = U(C_0, C_1)$$

2. 예산제약

〈총소득의 현재가치〉 = 〈총소비의 현재가치〉

$$Y_0 + \frac{Y_1}{(1+r)} = C_0 + \frac{C_1}{(1+r)}$$

$$\Rightarrow C_1 = -(1+r)C_0 + [(1+r)Y_0 + Y_1]$$

3. 소비자 균형

$$MRS_{C_0C_1} = \frac{MU_{C_0}}{MU_{C_1}} = (1+r)$$

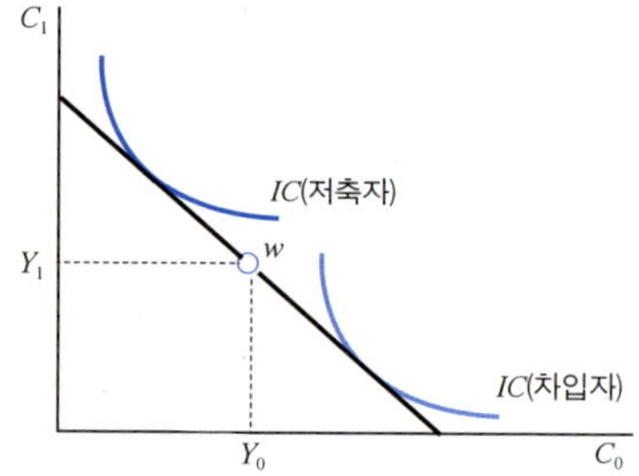

4. 이자율 상승시

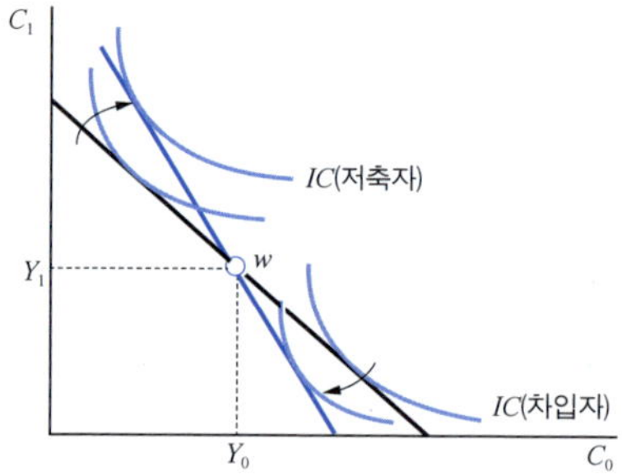

① 대체효과 : $r\uparrow \rightarrow P_{C_0}\uparrow \rightarrow C_0\downarrow (S\uparrow), C_1\uparrow$

② 소득효과 :

$r\uparrow \rightarrow$ [1] 저축자 $m\uparrow \rightarrow C_0\uparrow (S\downarrow), C_1\uparrow$

[2] 차입자 $m\downarrow \rightarrow C_0\downarrow (S\uparrow), C_1\downarrow$

023 기대효용과 위험 프리미엄

1. 기대치와 기대효용

(1) 기대치	(2) 기대효용
$E(w)=pw_1+(1-p)w_2$	$E[U(w)]=pu(w_1)+(1-p)u(w_2)$

※ 불확실성하의 선택은 금전적인 기대치가 아닌 기대효용(효용의 기대치)에 의존함

$w_0 = 900,\ l = 800,\ p = \frac{1}{2},\ u = \sqrt{w}$

① 기대치 : $E(w) = p(w_0 - l) + (1 - p)w_0 = (\frac{1}{2} \times 100) + (\frac{1}{2} \times 900) = 500$

② 기대효용 : $E[U(w)] = pu(w_1) + (1 - p)u(w_2) = (\frac{1}{2} \times \sqrt{100}) + (\frac{1}{2} \times 900) = 20$

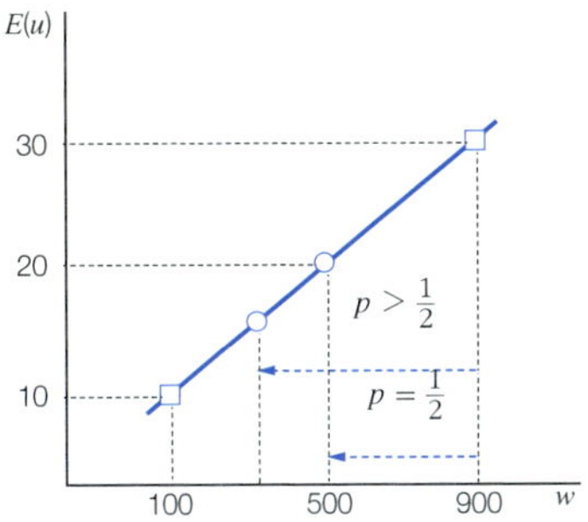

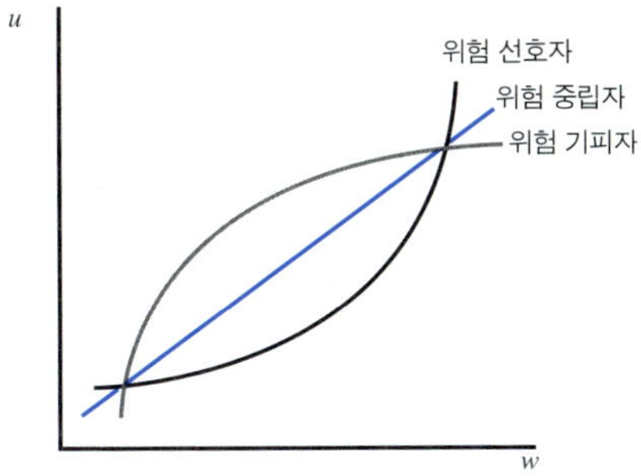

2. 위험프리미엄

참고 공정한 도박과 공정한 보험

① 공정한 도박 : 도박참가 기대치=도박 참가비

② 공정한 보험 : 기대 손실액=보험료

예 w_0=10억, p=0.1, l=5억, 기대손실액=5,000만 원, ⇨ 보험료=5,000만 원이면 손실액 전부(5억 원)보험시

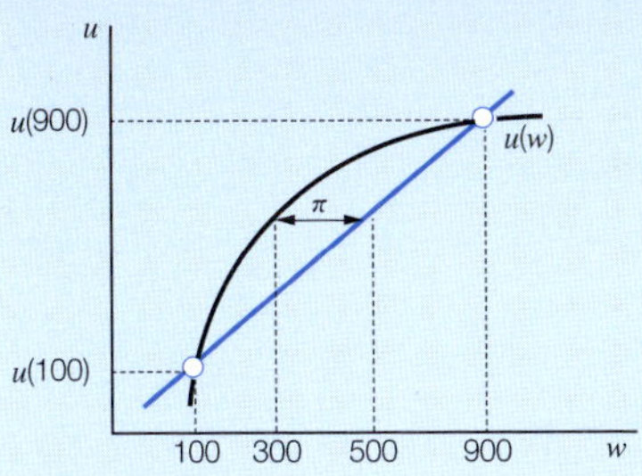

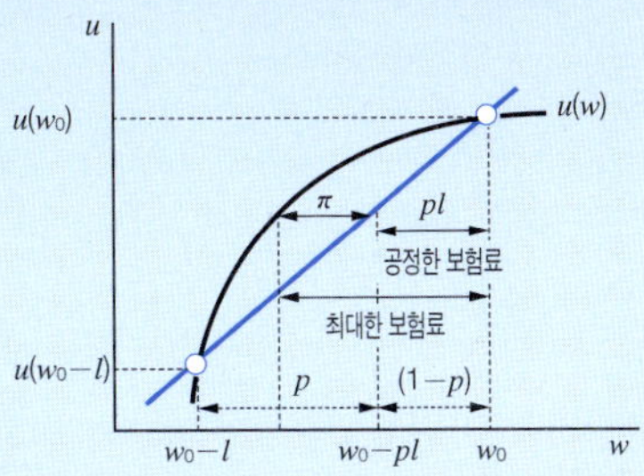

참고 공정한 도박과 공정한 보험

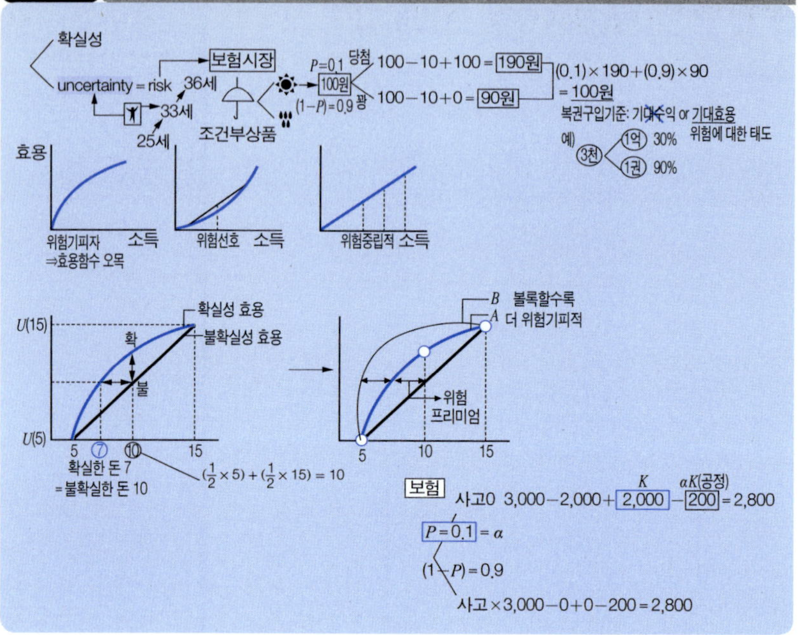

024 행동경제학

1. 행동경제학의 배경

① 전통적인 경제학의 이기적이고 합리적인 인간이란 가정 파괴
② 심리학을 경제학에 접목하여 인간행동의 다양한 현실적인 행동을 반영

2. 전망이론

불확실성하에서 기대효용극대화를 추구하지 않고 여러 가지 전망 중 하나 선택
① 준거점 효과 : 현재 상태를 준거점(reference point)을 기준으로 이득과 손실의 변화폭에 효용이 영향
② 손실회피 성향 : 동일한 금액의 이득과 손실에서 손실에 더 큰 가중치
③ 민감도 체감성 : 이득과 손실의 크기가 클수록 그 변화에 대한 가치의 민감도 감소
④ 확실성 효과 : 기대소득이 낮아도 확실한 것을 더 선호

3. 휴리스틱 이론

① 휴리스틱(heuristic) : 어림짐작(rule of thumb)으로 주위 사례가 강하게 인식
② 현상유지편향 : 보유효과와 손실회피 경향의 융합
③ 닻 내리기(anchoring) 효과 : 초기 값과 기본설정에서 맴도는 효과
④ 부존효과 : 소유효과
⑤ 프레이밍 효과 : 인식 틀이 영향, 설문조사의 표현방식에 따라 다른 결과
⑥ 심적회계(mental accounting) : 학원비와 술값

4. 공정성 이론

① 최후 통첩게임
② 독재자 게임

025 단기생산함수

1. 생산함수의 단기와 장기

단기 $Q=F(L,\overline{K})$, 장기 $Q=F(L,K)$

2. 단기 생산함수와 TP_L, AP_L, MP_L

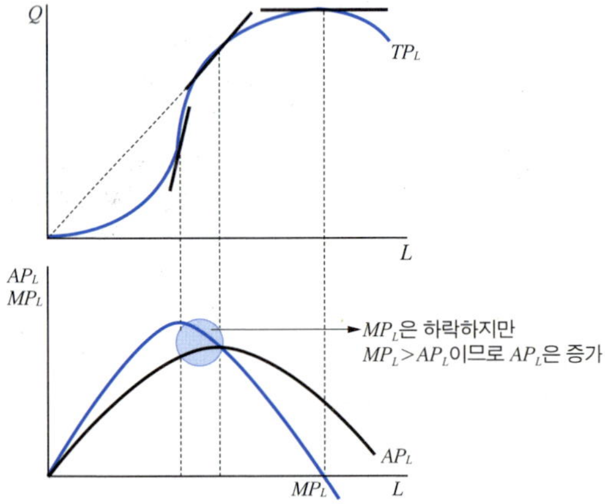

참고 생산의 제2단계

① AP_L극대점~$MP_L=0$
② 경제적 영역($MP_L>0$, $MP_K>0$)
③ 수확체감의 법칙 성립
④ 분계선과 같은 의미

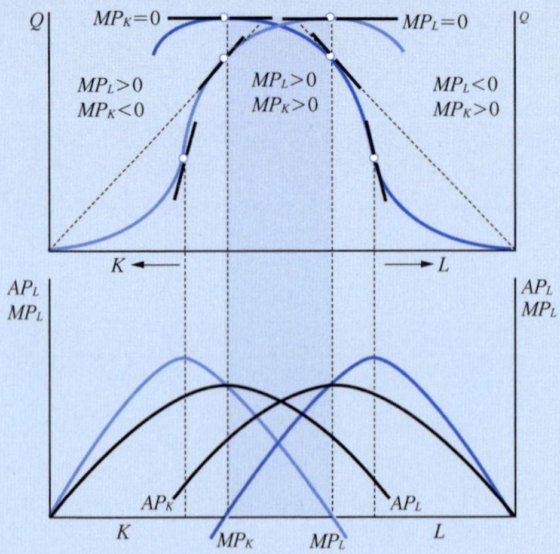

참고

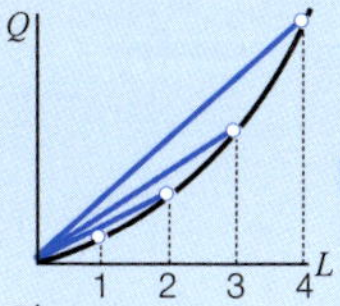

$\boxed{A}P_L = \frac{Q}{L}$
(평균생산) → 원점기울기

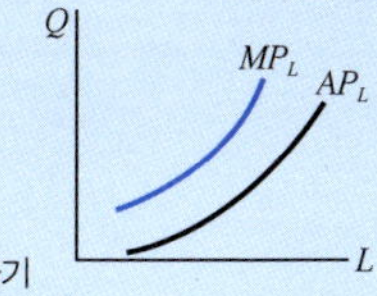

→ $Q = L^2$
- $AP_L \uparrow = \frac{Q}{L} = L \uparrow$
- $MP_L = \frac{\Delta Q}{\Delta L} = 2L$

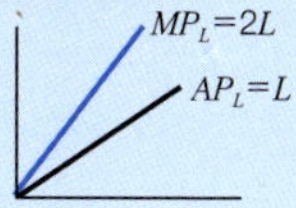

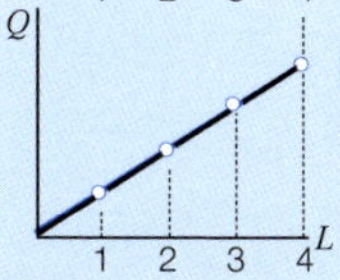

$\boxed{M}P_L = \frac{\Delta Q}{\Delta L}$
(한계생산) → 접선기울기

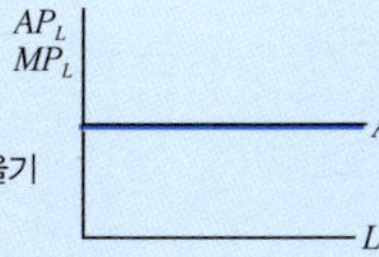

$AP_L = MP_L$ → $Q = 2L$
- $AP_L =$ ② 일정
- $MP_L = 2$

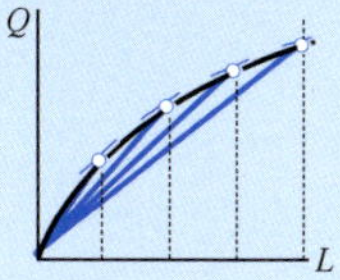

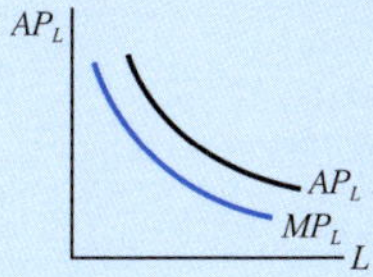

→ $Q = \sqrt{L}$
- $AP_L = \frac{\sqrt{L}}{L} = \frac{\sqrt{L}}{\sqrt{L} \cdot \sqrt{L}} = \frac{1}{\sqrt{L}}$
- $MP_L = \frac{1}{2} \cdot L^{-\frac{1}{2}} = \frac{1}{2} \cdot \frac{1}{\sqrt{L}}$

$L^{-a} = \frac{1}{L^a}, \ L^{\frac{1}{2}} = \sqrt{L}$

026 장기생산함수와 등량곡선

1. 생산곡면과 등량곡선

(1) 생산곡면 : $(L, K, Q)|Q=f(L, K)$

바닥의 평면은 투입물 공간이고, 두 축은 각각 노동과 자본의 투입량, 수직축은 생산함수의 종속변수인 산출량(Q)를 나타냄

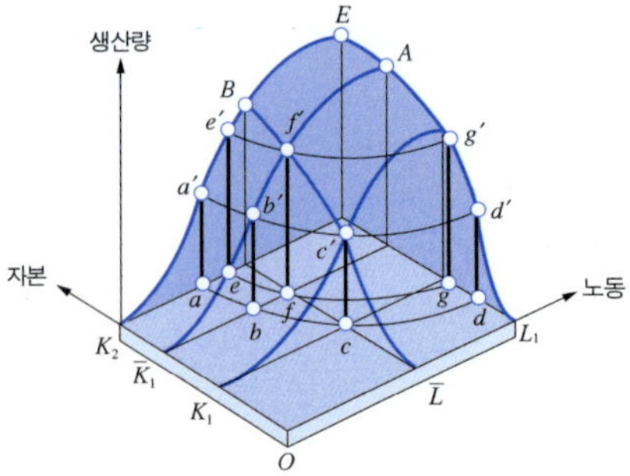

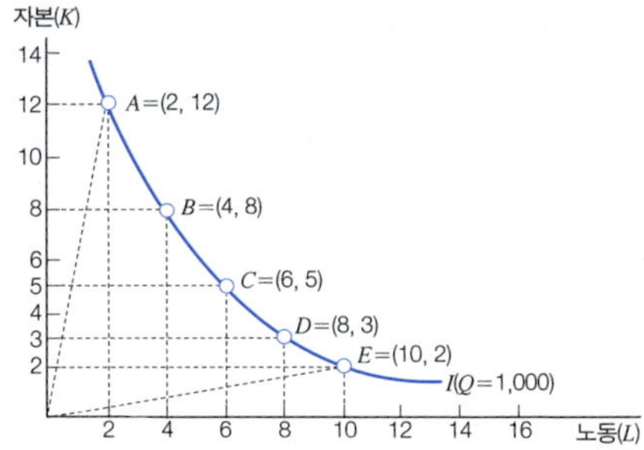

(2) 등량곡선

① $f(2, 12)=f(4, 8)=f(6, 5)=f(8, 3)=f(10, 2)=1,000$

② 투입물 공간에서 이 조건을 만족시키는 투입물 조합(L, K)를 골라내어 연결한 곡선이 바로 Q' 산출량 수준에 해당하는 등량곡선

2. 한계기술대체율

① 등량곡선의 접선의 기울기 ② $MRTS_{LK} = \dfrac{MP_L}{MP_K}$

3. 분계선

4. 특수한 형태의 등량곡선

① 레온티에프 : 완전보완재 $Q=min[aL, bK]$	② 완전대체재 : $Q=aL+bK$
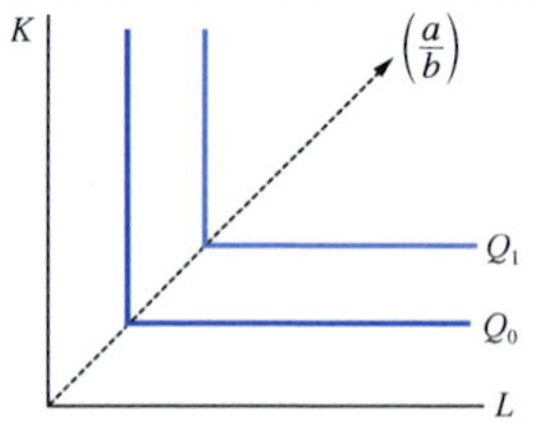	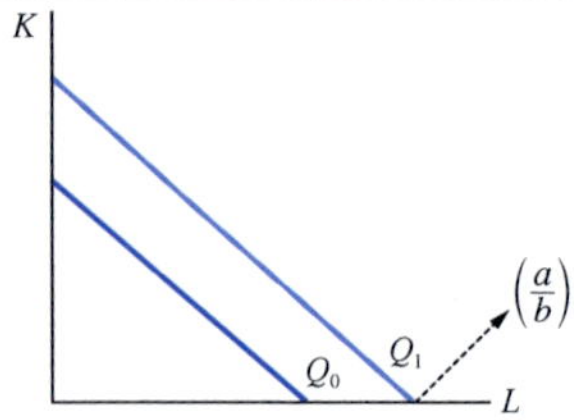

027 주요 생산함수

1. 레온티에프 생산함수 (고정투입계수 생산함수)

$$Q = min\left\{\frac{L}{\alpha}, \frac{K}{\beta}\right\}$$

① 생산요소간 기술대체가 불가능 → 대체탄력성(σ)=0

② $\left(\frac{K}{L}\right) = \left(\frac{\beta}{\alpha}\right)$: 기울기

③ 1차 동차 생산함수

2. 완전대체재 생산함수

$$Q = aL + bK$$

① 생산요소 간 기술적 대체가 완전 → 대체탄력성(σ)=∞

② 우하향 직선

③ 1차 동차 생산함수

3. CD 생산함수

$$Q = AL^{\alpha}K^{\beta} = AL^{\alpha}K^{1-\alpha}$$

① α 의미 ① 생산의 노동탄력성 ② 노동 소득 분배율
β 의미 ① 생산의 자본탄력성 ② 자본 소득 분배율

② 오일러 정리 성립 : $Q = MP_L \cdot L + MP_K \cdot K$
⇨ 생산함수가 1차 동차 생산함수일 때, 각 생산요소는 자신이 기여한 바에 따라 보수를 얻으면 다 분배됨

③ 대체탄력성=1

참고 **동차함수와 동조함수**

r차 동차함수
$f(tL, tK) = t^r f(L, K)$

ex

$Q(L, K) = AL^{\alpha}K^{1-\alpha}$
: 1차 동차 CD생산함수

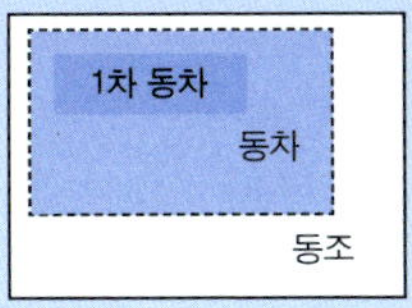

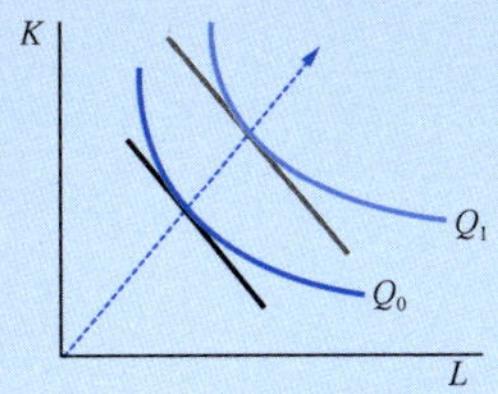

028 등비용선과 등비용선의 이동

1. 등비용선

$$\overline{TC} = wL + rK$$

$$K = -\frac{w}{r}L + \frac{\overline{TC}}{r}$$

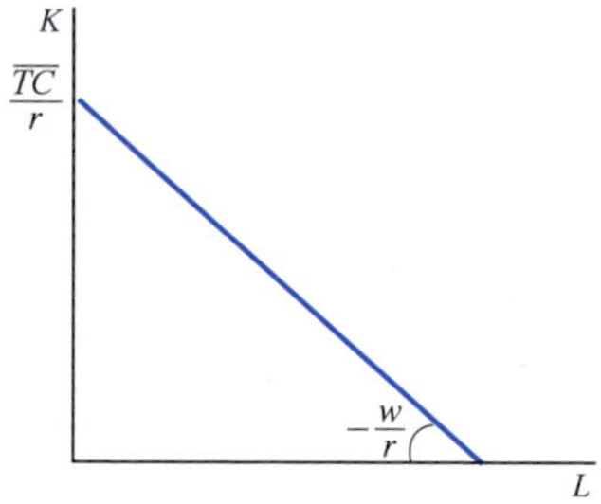

2. 등비용선의 이동

투입비용 증가($TC\uparrow$)	$w\downarrow$	$r\downarrow$
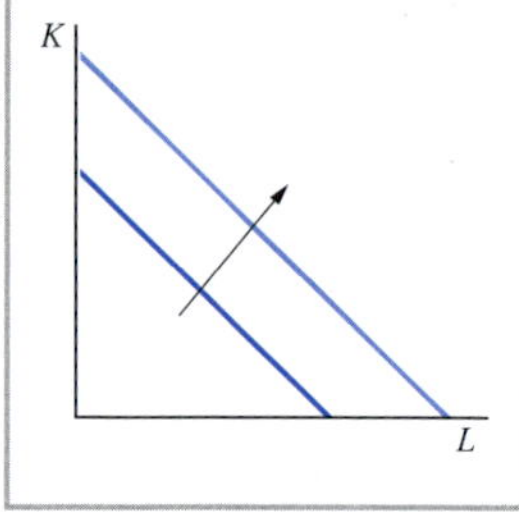	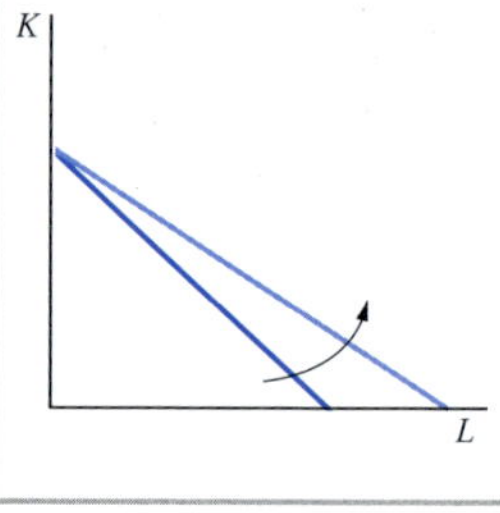	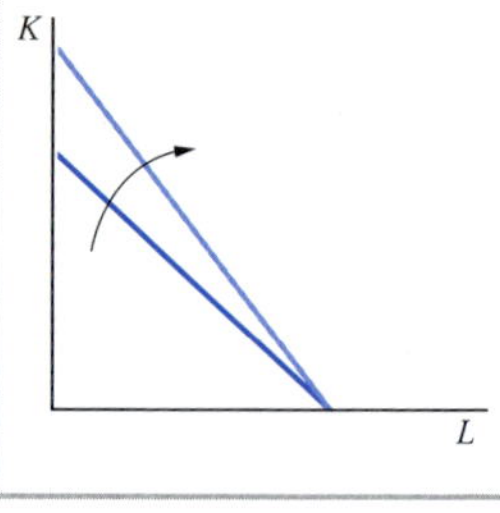

029 생산자 균형

1. 비용극소화(=생산량 극대화)

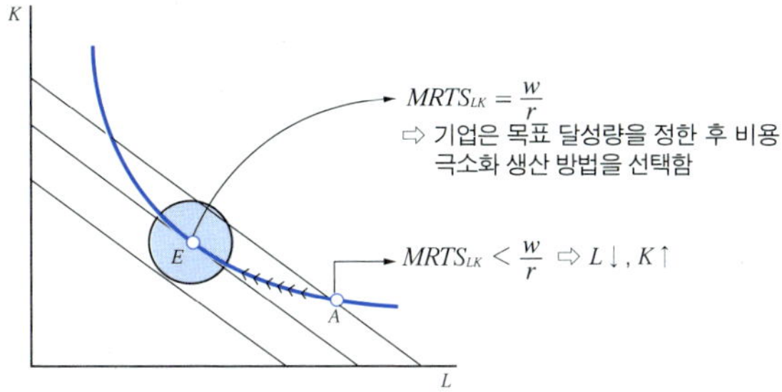

2. 예외적 형태의 등량곡선과 생산량 극대화

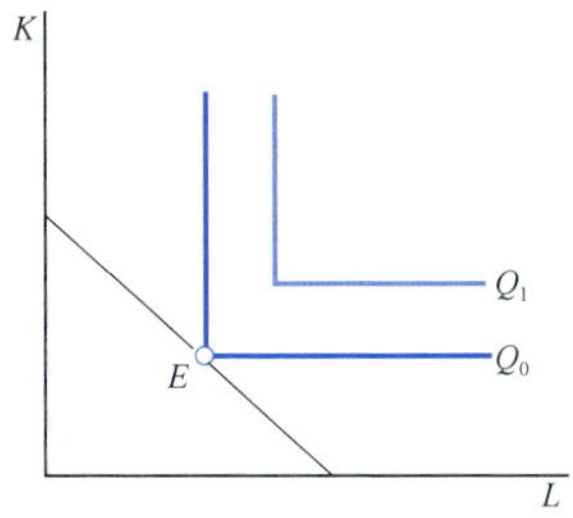

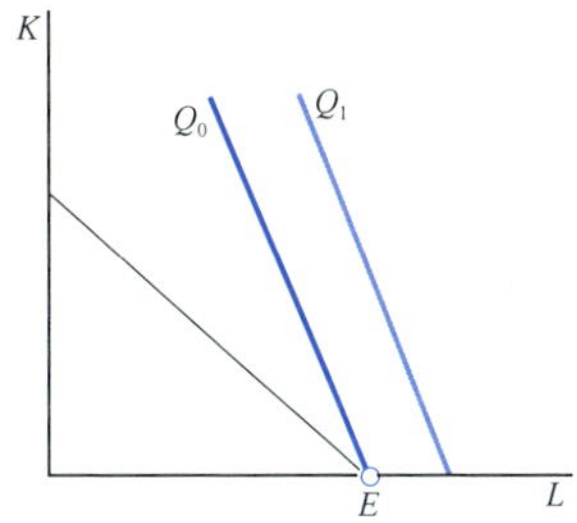

030 대체탄력성

1. 대체탄력성 개념

$$\sigma = \frac{\Delta\left(\frac{K}{L}\right) / \left(\frac{K}{L}\right)}{\Delta\left(\frac{w}{r}\right) / \left(\frac{w}{r}\right)} = \frac{\Delta\left(\frac{K}{L}\right) / \left(\frac{K}{L}\right)}{\Delta MRTS_{LK} / MRTS_{LK}}$$

① 생산량을 일정수준 유지할 때(동일한 등량곡선 상에서), L과 K의 대체용이성 정도
⇨ 등량곡선 형태와 밀접한 관련

② $\left(\frac{w}{r}\right)$이 1% 변할시, 요소집약도$\left(\frac{K}{L}\right)$가 얼마나 변화하는가의 정도

2. 등량곡선의 형태와 대체탄력성

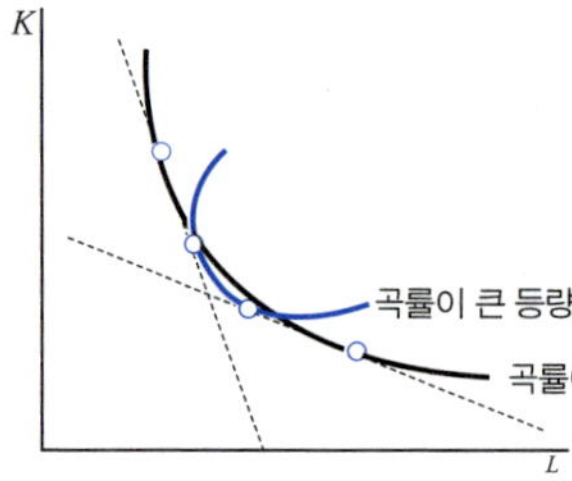

3. 대체탄력성과 소득분배

(1) $\sigma < 1$

$$\frac{\Delta\left(\frac{K}{L}\right)}{\left(\frac{K}{L}\right)} < \frac{\Delta\left(\frac{w}{r}\right)}{\left(\frac{w}{r}\right)} \Rightarrow \left(\frac{w}{r}\right)\Downarrow \Rightarrow \left(\frac{K}{L}\right)\uparrow$$: 노동소득분배율 ↓

(2) $\sigma > 1$

$$\frac{\Delta\left(\frac{K}{L}\right)}{\left(\frac{K}{L}\right)} > \frac{\Delta\left(\frac{w}{r}\right)}{\left(\frac{w}{r}\right)} \Rightarrow \left(\frac{w}{r}\right)\downarrow \Rightarrow \left(\frac{K}{L}\right)\Uparrow$$: 노동소득분배율 ↑

031 규모에 대한 수익

1. 규모의 수익 정의

① 자본-노동의 투입비율이 일정한 값을 유지하도록 노동과 자본의 투입량을 동시에 변화시킬 때 산출량이 변화하는 양상을 분류하는 개념 (규모의 수익과 수확체감 법칙과는 무관)

② 장기에 적용

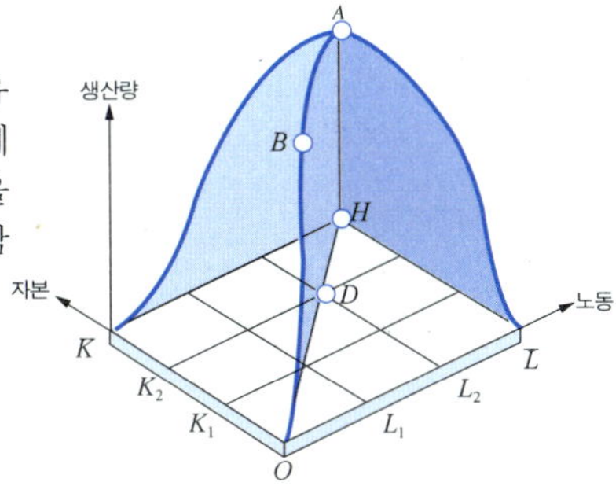

2. 유형

규모수익불변(CRS)	규모수익체감(DRS)	규모수익체증(IRS)
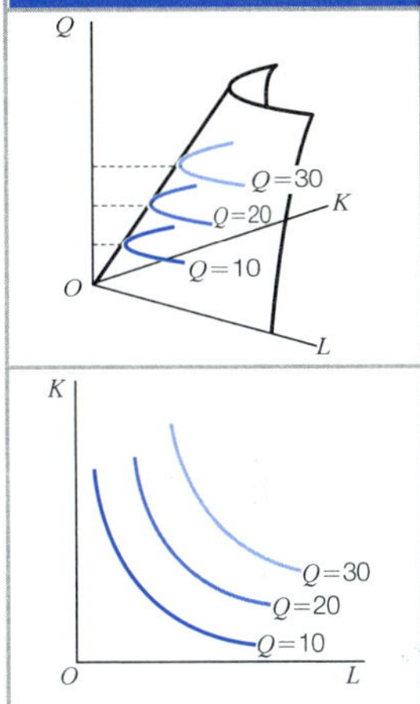	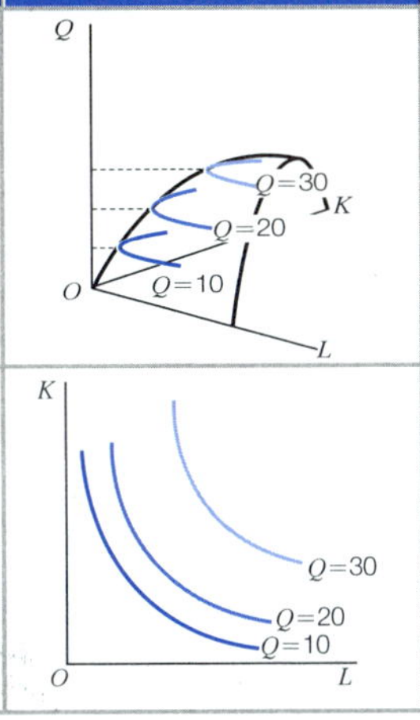	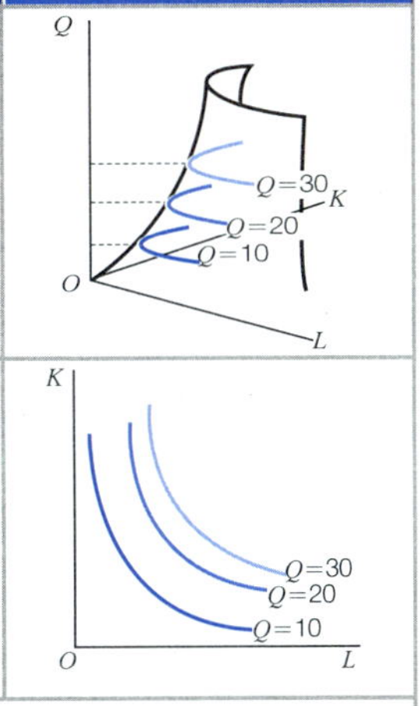

$f(tL, tK) = t^r f(L, K) = t^r Q$

① $r=1 \Rightarrow CRS$ ② $r>1 \Rightarrow IRS$ ③ $r<1 \Rightarrow DRS$

예 콥-더글라스 생산함수인 경우($Q = AL^{\alpha}K^{\beta}$) ⇨ $A(tL)^{\alpha}(tK)^{\beta} = t^{\alpha+\beta}AL^{\alpha}K^{\beta} = t^{\alpha+\beta}Q$

참고 규모의 수익발생원인

- 가장 자연스러운 것은 규모수익불변 : 현재의 생산과정을 그대로 복제(duplicate)할 수 있기 때문.
- 규모수익체증 : 분업에 의한 전문화를 가능(생산기술 속에 내포된 특성)
  → 생산규모가 커지면서 각자 특정한 일을 전담할 수 있게 되고, 생산성 향상
- 규모수익체감 : 생산요소 (**ex** 경영 능력, 숙련된 노동자)를 똑같은 비율로 증가시켜 투입하는 것이 힘들 때

032 확장경로와 기술진보

1. 확장경로(expansion path)

생산요소의 가격(w, r)이 일정하게 유지되면서 생산량(Q)가 증가할 때 비용 최소점을 연결한 곡선

① 소비자이론의 소득소비곡선(ICC)과 유사

② 생산함수가 동조적이면 확장경로는 원점을 통과하는 직선 → CD생산함수

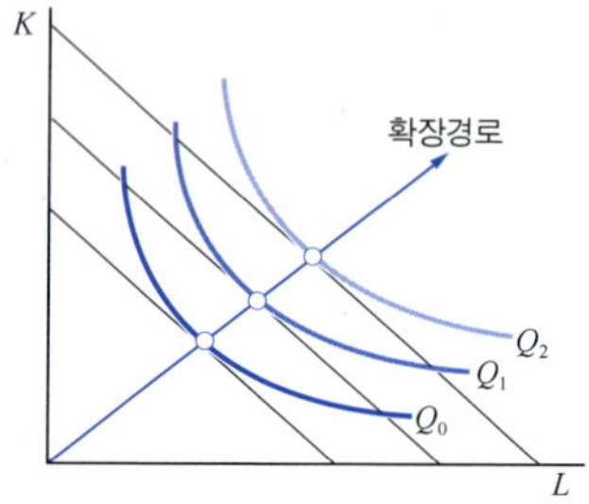

2. 기술진보

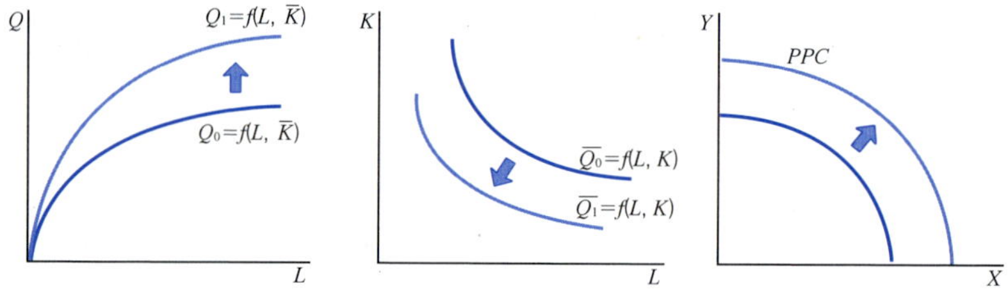

참고 기술진보 표시방법

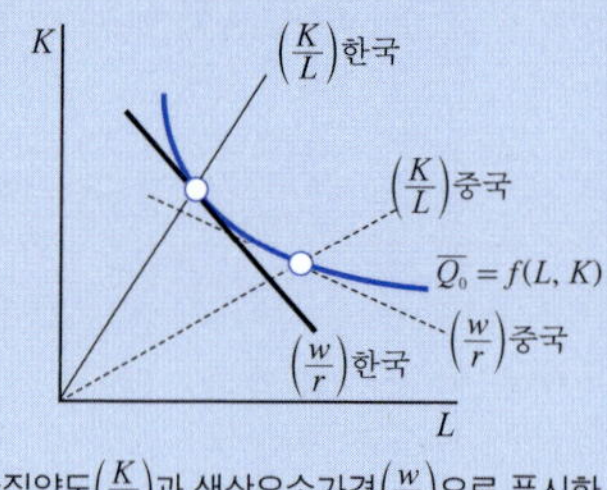

요소집약도$\left(\frac{K}{L}\right)$과 생산요소가격$\left(\frac{w}{r}\right)$으로 표시한 생산방식

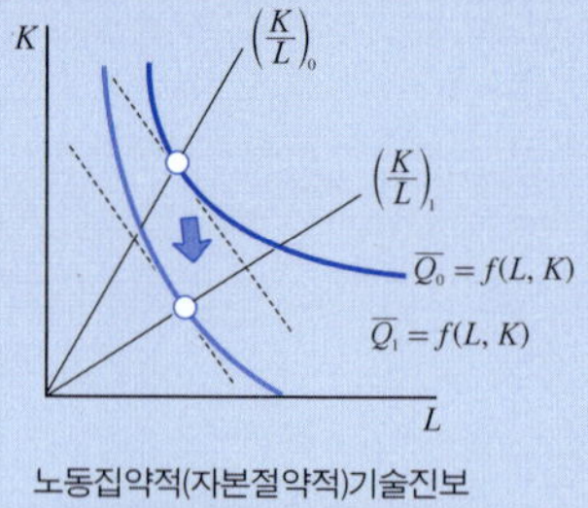

노동집약적(자본절약적)기술진보

$Q=\sqrt{LK} \rightarrow Q'=L\sqrt{K}$

→ $MRTS_{LK}$가 더 커지는 경우

033 단기비용함수와 비용곡선

1. 단기 비용함수와 비용곡선 형태

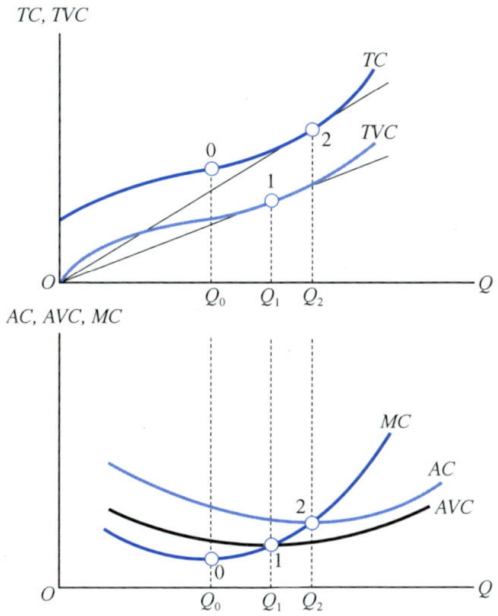

2. 단기비용함수의 성질

① *TFC*는 수평(일정)
② TC와 *TVC*는 형태는 동일하고, 차이는 *TFC*
③ *TC*와 *TVC*의 접선의 기울기는 동일 (모두 *MC*)
④ *AFC*는 직각 쌍곡선 형태
⑤ *AVC*, AC는 모두 U자 형태이고, AVC의 최저점은 *AC*최저점의 왼쪽에 위치
⑥ *MC*는 *AVC*의 최저점과 *AC*의 최저점을 지남

참고

(단기) $Q = f(L, \bar{K})$ 예) $Q = \sqrt{L}$

대입

총비용 $(TC) = \bar{w}L + \bar{r}\bar{K} = 5L + 200 = 5Q^2 + 200$

($\bar{w}$ = 5, $\bar{r}$ = 10, $\bar{K}$ = 20; $5Q^2$: TVC 총가변비용, 200: TFC 총고정비용)

(장기) $Q = f(L, K)$

$TC = \underbrace{wL + rK}_{TVC} = \underbrace{5Q^2 + Q}_{TVC} + \underbrace{0}_{TFC}$

$TC = \underbrace{2Q^3 - 3Q^2 + 5Q}_{TVC} + \underbrace{10}_{TFC}$

$AC = \dfrac{TC}{Q} = \dfrac{TVC + TFC}{Q} = \underbrace{\dfrac{TVC}{Q}}_{AVC} + \underbrace{\dfrac{TFC}{Q}}_{AFC}$

평균비용

$AC = \underbrace{2Q^2 - 3Q + 5}_{AVC} + \underbrace{\dfrac{10}{Q}}_{AFC}$

$MC = \dfrac{\Delta TC}{\Delta Q} = \underbrace{\dfrac{\Delta TVC}{\Delta Q}}_{MVC} + \underbrace{\dfrac{\Delta TFC}{\Delta Q}}_{MFC}$

$MC = \underbrace{6Q^2 - 6Q + 5}_{MVC} + \underbrace{0}_{MFC}$

034 장기비용함수와 비용곡선

1. 단기 비용함수와 장기 비용함수 관계

① 단기는 기업의 생산기설 규모가 주어진 경우이고, 장기는 시설규모가 조정 가능
② 장기는 규모와 생산량을 동시에 결정
③ 비용극소화 측면에서 장기비용은 단기 비용보다 높을 수 없음

2. 단기 확장선과 장기 확장선

동일한 생산량을 위해서(동일한 등량곡선 상에서) 장기 생산점은 규모까지 고려할 수 있어 더 낮은 비용으로 생산 가능

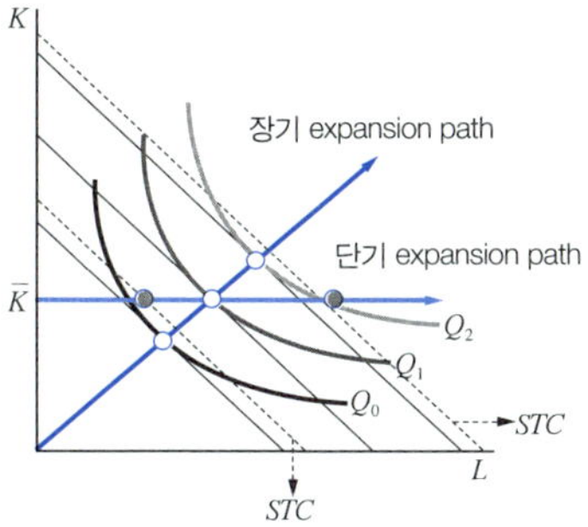

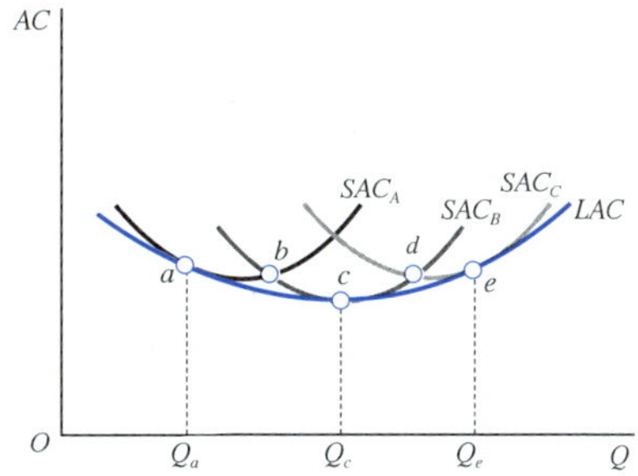

3. 단기와 장기 비용함수 관계

① 장기총비용곡선(*LTC*)은 단기총비용곡선(*STC*)의 포락선
② 장기평균비용곡선(*LAC*)은 단기 평균비용곡선(*SAC*)의 포락선
⇨ *LMC*는 *SMC*의 포락선이 아님
③ 장기한계비용곡선(*LMC*)는 장기평균비용곡선(*LAC*)의 최저점을 지남
④ *LTC*와 *STC*가 일치하는(접하는) 경우 $LAC=SAC$, $LMC=SMC$

참고 최적시설규모(optimal scale of product)

*U*자형 장기평균비용곡선에서 평균비용이 최저가 되는 점(시설규모)를 최적시설규모라고 함.
→ 현실에서는 *L*자 형태가 일반적인데, 여러 개의 최적시설 규모 중에서 가장 작은 것을 최소효율규모라고 함(minimum efficient scale)

참고

생산자 비용 극소화

$\begin{cases} Min\ PC \\ Q=f(L, K)=100 \end{cases}$

주문$Q=100$개 생산조건하에서
비용극소화 조건은
등량곡선과 등비용선 접함

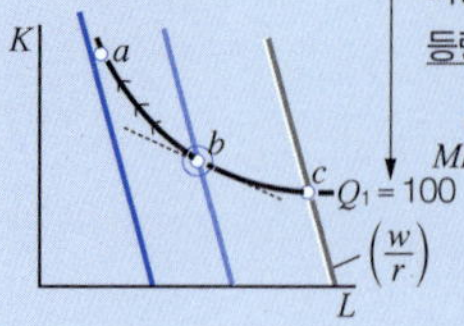

$MRTS_{LK}=\frac{MP_L}{MP_K}=\frac{w}{r}$, $\frac{MP_L}{w}=\frac{MP_K}{r}$

한계생산균등의법칙

ⓑ점 $MRTS_{LK}<\frac{w}{r}$ → $L\downarrow K\uparrow$

주문량 증가 시

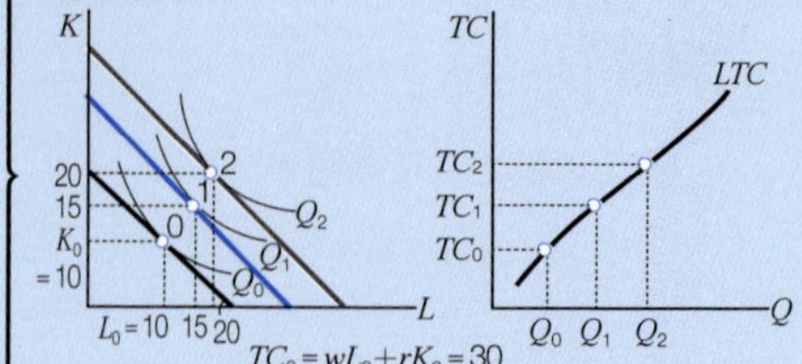

$TC_0=wL_0+rK_0=30$
(2 10 1 10)

$TC_1=(2\times15)+(1\times15)=45$

$TC_2=(2\times20)+(1\times20)=60$

035 규모의 경제와 범위의 경제

1. 규모의 경제(economies of scale)

(1) 개념과 형태

산출량이 증가함에 따라서 장기평균비용(LAC)이 하락하는 현상 : $\frac{\Delta LAC}{\Delta Q} < 0$

- 규모의 경제(규모수익 체증)
- 규모의 불경제(규모수익 체감)
- 규모수익 불변

(2) 규모의 경제 발생원인

① 분업에 의한 생산성 향상
② 대량거래의 이득
③ 물리적 법칙(기술적 요인)

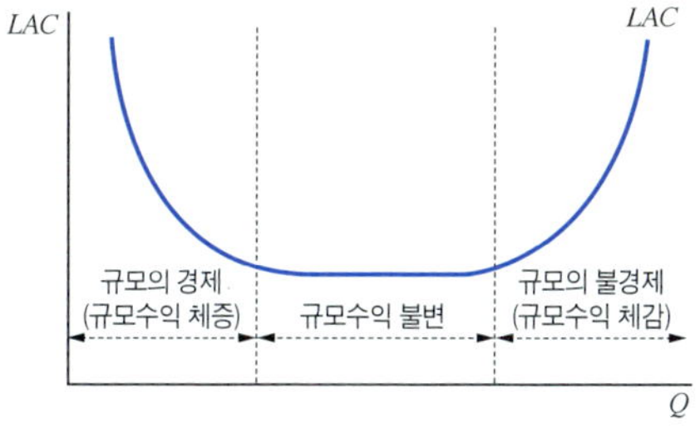

2. 범위의 경제(economies of scope)

(1) 개념

① 한 기업이 여러 가지 상품을 함께 생산을 할 때가 따로 생산하는 경우보다 더 낮은 비용

$$SC = \frac{C(X, 0) + C(0, Y) - C(X, Y)}{C(X, Y)}$$ ($SC>0$이면 범위의 경제가 존재)

② 기업의 다각화 요인
③ 생산가능곡선이 원점에서 오목

(2) 발생원인

① 생산요소 공동이용 : 동일한 생산라인과 유통라인을 활용시, 엔진을 동시에 사용
② 생산물의 특성 : 쇠고기와 가죽과 같이 부산물과 주산물 관계
※ 범위의 경제와 규모의 경제는 아무런 관계가 없음

036 시장의 형태와 평가

	완전경쟁	독점적 경쟁	과점	독점
시장수요에 대한 최적시설규모의 상대적 크기	매우 작음	매우 작음 (국지적 시장에 비해서는 큼)	조금 작음	크다
공급자 수	수없이 많음	많음 (차별화된 상품의 공급자는 각각 하나)	적음	하나
상품의 동질성	동질적	차별적	동질적 차별적	동질적
진입과 퇴출	자유로움	자유로움	제한됨 (선발기업에 유리)	금지

참고

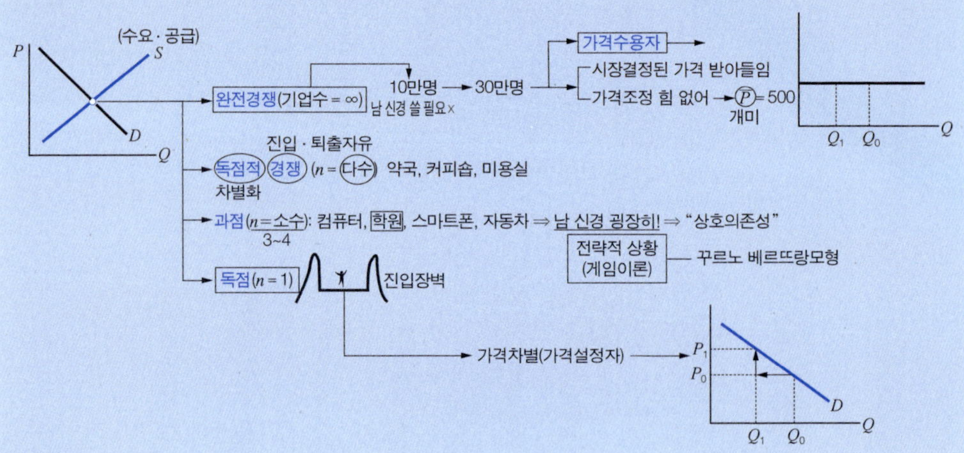

037 완전경쟁시장 조건과 단기균형

1. 완전경쟁시장의 성립요건

① 다수의 수요자와 공급자 → price taker　　② 동질적인 재화

③ 진입과 퇴출의 자유(=자원의 완전이동성)　　④ 완전정보(불확실×)

2. 완전경쟁시장의 평가

장점	단점
- 효율적인 자원배분($P=MC$) 　⇨ 사회후생(소비자잉여+생산자 잉여) 극대화 - 최적시설 규모 - 정상이윤만 획득($P=LMC=LAC$) - 의사결정 분권화	- 비현실성 - 소득분배 공평성 ×

3. 완전경쟁시장의 단기균형

(1) 시장전체의 수요곡선과 개별기업의 수요곡선

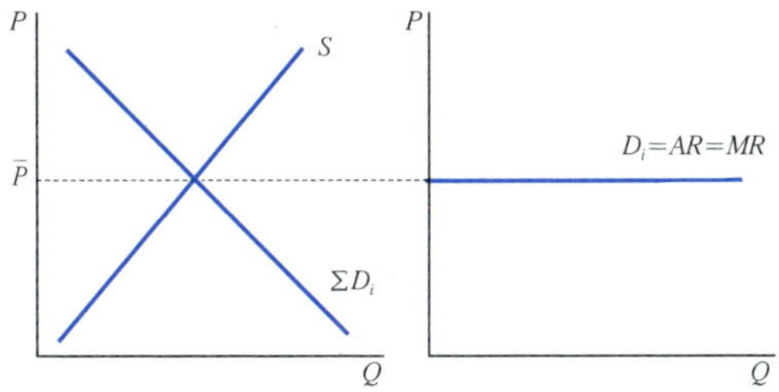

$$TR = \overline{P} \times Q$$

$$AR = \frac{TR}{Q} = \frac{\overline{P} \times Q}{Q} = \overline{P}$$

$$MR = \frac{\Delta TR}{\Delta Q} = \overline{P}$$

(2) 이윤극대화

① 이윤극대화 제1계조건 :

$$\pi = TR(Q) - TC(Q)$$

$$\frac{\Delta \pi}{\Delta Q} = 0 = MR - MC$$

② 이윤극대화 제2계조건 :

MR기울기<MC기울기

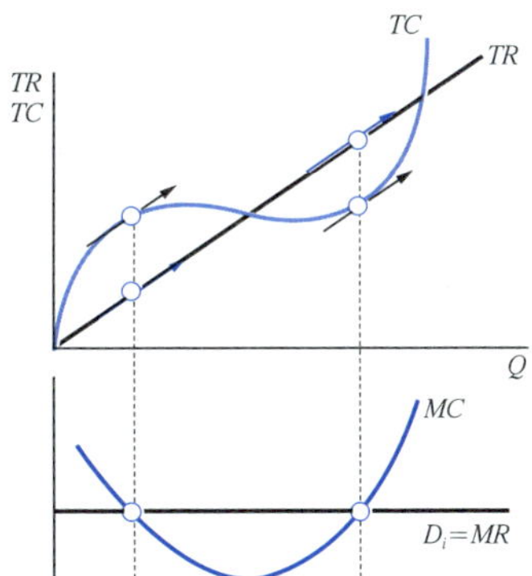

038 완전경쟁시장의 단기공급곡선

1. 완전경쟁시장과 이윤극대화

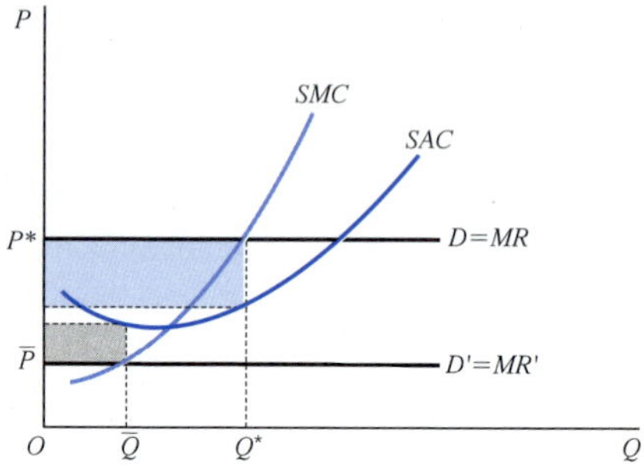

2. 완전경쟁시장의 손익분기점과 조업중단점 ⇨ 공급곡선

① 이윤극대화를 추구하는 기업은 $P=MC$
but, 한계비용 곡선 자체가 바로 기업의 공급곡선이 되지 않음
(∵ 주어진 가격이 너무 낮아 극소화된 손실이 매몰비용보다 더 크면
→ 생산을 중단하는 것이 더 낫고 (=공급량을 0으로 줄임)
→ 가격이 이렇게 낮은 경우는 한계비용 곡선이 공급곡선의 일부가 될 수 없음

② 조업중단점 : AVC최저점
손익분기점 : AC최저점

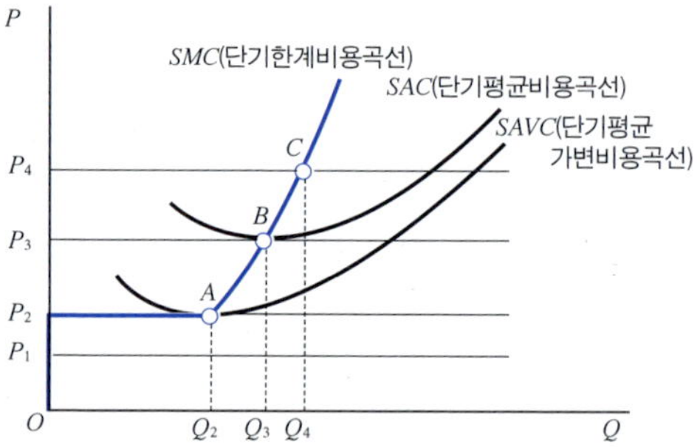

참고

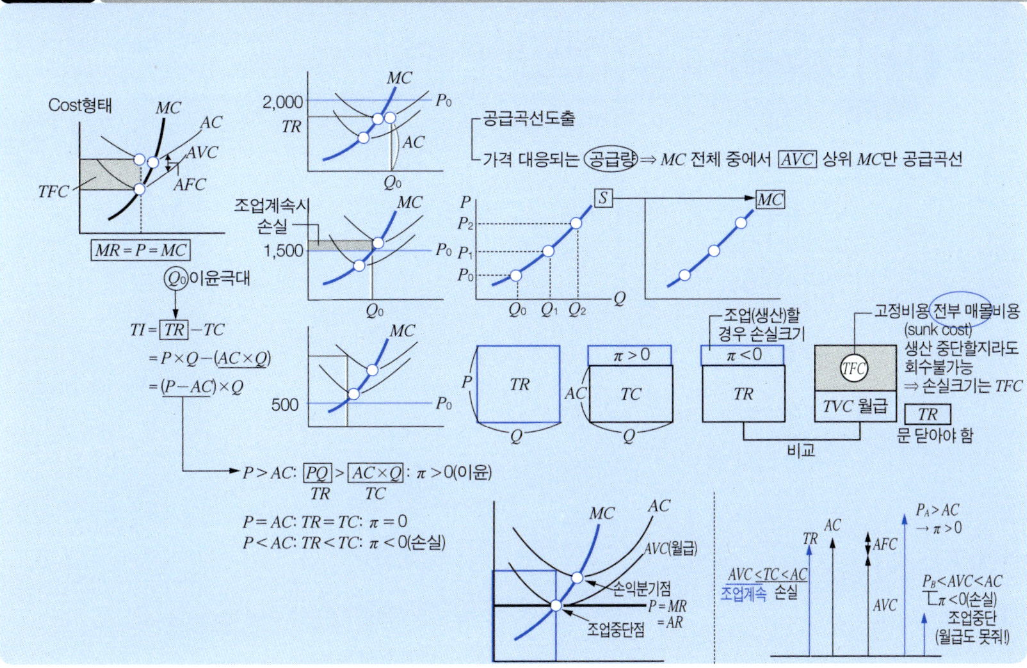
Cost형태
MC
AC
AVC
AFC
TFC
MR = P = MC
Q0 이윤극대
TI = TR − TC
= P×Q − (AC×Q)
= (P − AC)×Q
P > AC: PQ > AC×Q: π > 0(이윤)
TR TC
P = AC: TR = TC: π = 0
P < AC: TR < TC: π < 0(손실)
2,000
TR
P0
Q0
조업계속시 손실
1,500
500
공급곡선도출
가격 대응되는 공급량 ⇒ MC 전체 중에서 AVC 상위 MC만 공급곡선
P
P2
P1
P0
Q0 Q1 Q2
Q
S
조업(생산)할 경우 손실크기
고정비용 전부 매몰비용 (sunk cost)
생산 중단할지라도 회수불가능
⇒ 손실크기는 TFC
TR 문 닫아야 함
π > 0
π < 0
TC
TVC 월급
TFC
비교
AVC(월급)
손익분기점
조업중단점
P = MR = AR
AVC < TC < AC
조업계속 손실
AFC
PA > AC → π > 0
PB < AVC < AC
π < 0(손실)
조업중단 (월급도 못줘!)

039 완전경쟁시장의 장기균형

1. 특징

① 기존기업의 퇴출, 신규기업의 진입이 × ⇨ 초과이윤 = 0
② 기존기업의 설비규모 조정 ×
③ LAC의 최저점
④ $P=AR=MR=SMC=LMC=LAC$

2. 그림을 통한 설명

(a) 장기균형상태

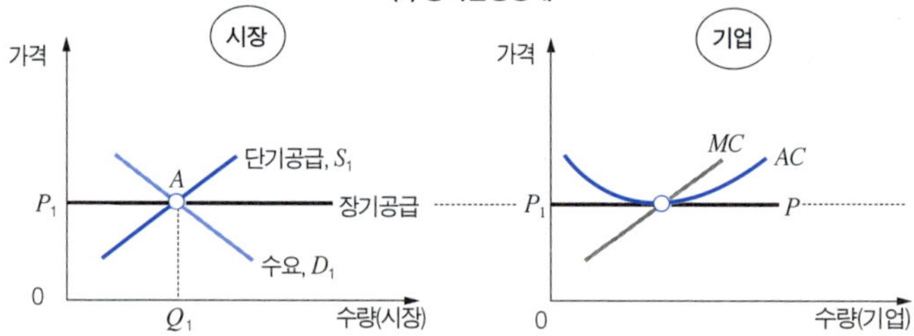

(b) 수요변화의 새로운 단기균형(단기효과)

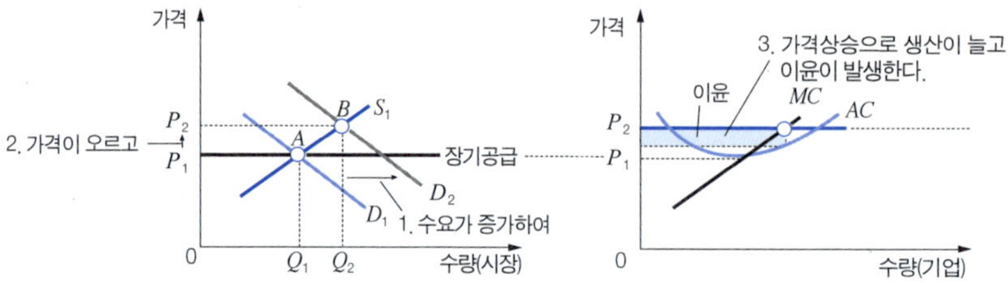

(c) 수요변화의 새로운 장기균형(장기효과)

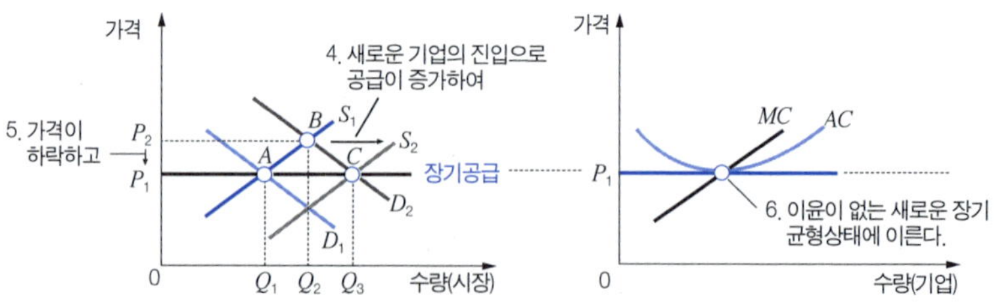

3. 산업의 장기공급곡선 도출

♣ 초과이윤 → 신규기업 진입 → 공급증대 → 생산요소 수요 증가
→ 생산요소 가격 상승 → 정도에 의존(how much?)

■ 수요변화와 우상향 장기공급곡선

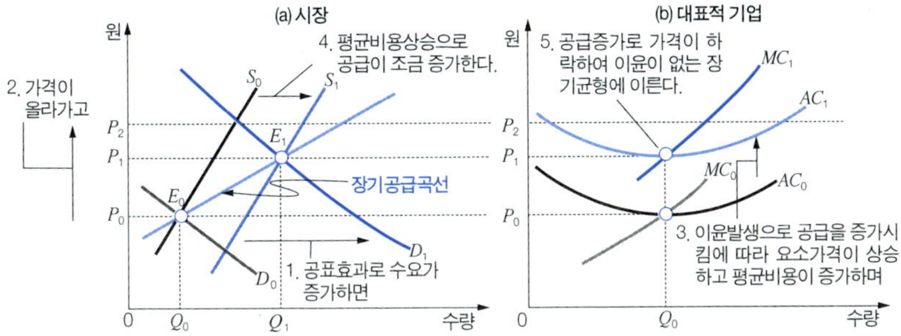

■ 수요변화와 우하향 장기공급곡선

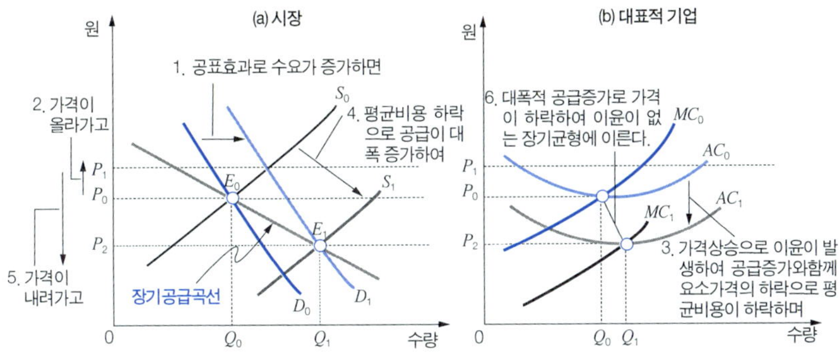

040 독점의 발생과 균형

1. 독점의 발생원인 ⇨ 진입장벽

(1) 경제적 기술적 측면

① 생산요소 독점적 소유자　　② 규모의 경제

(2) 제도적 측면

① 특허권, 독점권　　② 정부의 인·허가

2. 독점의 특징 : 우하향 수요곡선

① 시장지배력　　② 가격 설정자(price setter)　　③ 가격차별

3. 독점의 균형

(1) 독점 균형 단계

① 제1단계 : $MR=MC$에서 최적 산출량(Q^M)결정

② 제2단계 : 수요곡선 상에서 독점가격(P^M)결정

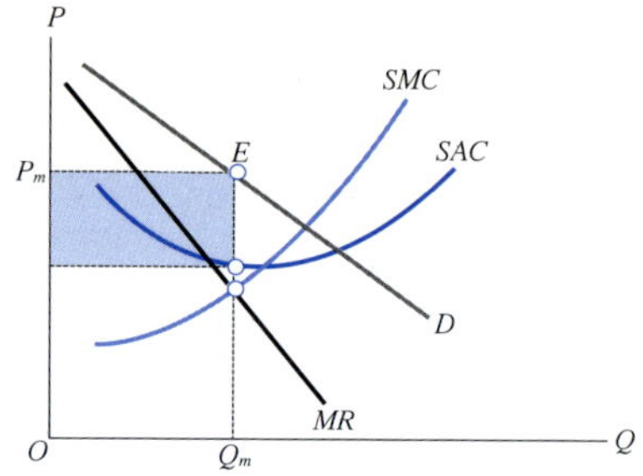

(2) 독점균형 특징

① $P>MC$, $Q^M<Q^*$ → 후생손실

② 독점기업도 손실이 발생할 수 있음 → 장기이윤 > 단기이윤

③ 항상 수요곡선이 탄력적인 구간($\varepsilon_p>1$)인 구간에서 생산량 결정

④ 초과설비보유(장기특징)

참고　Amorso-Robinson 공식

$$MR=\frac{dTR}{dQ}=\frac{d(P\times Q)}{dQ}=P+Q\cdot\frac{dP}{dQ}=P\left[1-\frac{Q}{P}\cdot\frac{dP}{dQ}\right]=P\left[1-\frac{1}{-\frac{dQ}{dP}\cdot\frac{P}{Q}}\right]=P\left[1-\frac{1}{\varepsilon}\right]$$

$$\therefore\ MR=P\left(1-\frac{1}{\varepsilon}\right)$$

참고

완전경쟁

Q	P	TR
0	7	0
1	7	7
2	7	14
3	7	21

→ $P = a = 7$ → $TR = PQ = aQ$

$AR = \frac{TR}{Q} = P$

$MR = \frac{\Delta TR}{\Delta Q} = a = P$

→

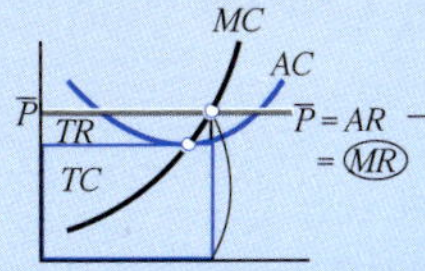

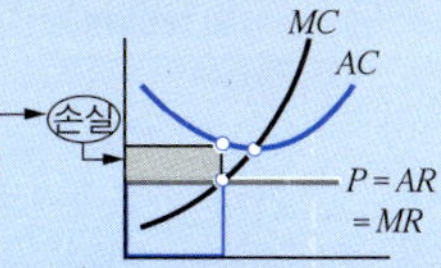

독점

Q	P	TR
0		
1	20	20
2	18	36
3	16	48

→ $P = a - bQ$ → $TR = PQ = (a - bQ)Q$ →

$= aQ - bQ^2$

$AR = \frac{TR}{Q} = a - bQ = P$

$MR = \frac{\Delta TR}{\Delta Q} = a - 2bQ$

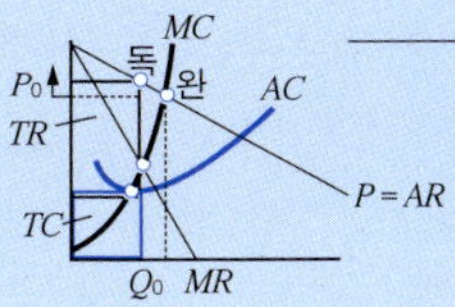

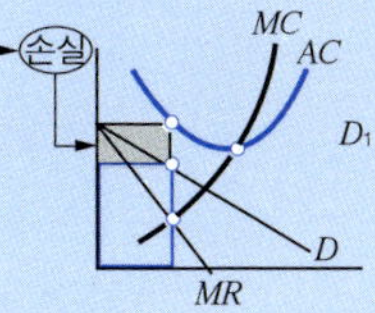

041 가격차별화와 이부가격설정

1. 가격차별 개념과 평가

① 동일한 재화에 서로 다른 가격 설정
② 생산량에 증가해 긍정적 측면 → 사회적 후생 증가 가능
③ 저소득계층이 수요의 가격탄력성이 크면, 소득분배 개선

2. 가격차별의 종류

(1) 제1급 가격차별(완전가격차별)

① 각 단위당 소비자가 최대한 지불할 의사(willingness to pay)의 최대금액(=수요곡선 높이)
② 완전경쟁시장과 동일한 수준 결정($D=MR=MU$) → 자원배분이 효율적
③ 소비자 잉여는 모두 독점기업에 귀속

(2) 제2급 가격차별

① 재화의 구입량에 따라 다른 가격 설정 **예** 전기요금, 전화요금
② 제1급 가격차별 보다는 현실적

(3) 제3급 가격차별

① 소비자를 특징(탄력성)에 따라 시장을 분할 **예** 조조할인, 수출상품, 소인과 대인
② 성립요건 : 독점력, 시장분리 비용 작고, 수요의 가격탄력성 차이, 재판매 불가
③ 이윤극대화 조건 : $MR_1=MR_2=MC$

$$\therefore\ P_1\left(1-\frac{1}{\varepsilon_1}\right)=P_2\left(1-\frac{1}{\varepsilon_2}\right)$$

$$if\ \varepsilon_1>\varepsilon_2,\ then\ P_1<P_2$$

참고 다공장 독점 vs 다시장 독점

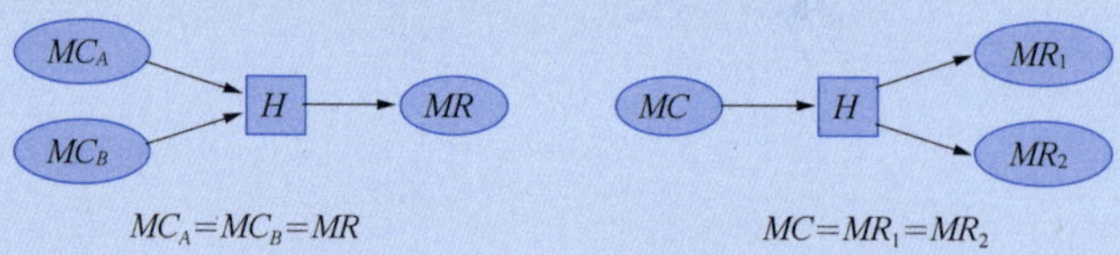

3. 이부가격(two-part tariff) 설정

① 기본요금(회원권, 입장료) + 사용료
② 전화, 전기, 골프장, 놀이공원
③ 효율성 측면에서 바람직 (∵ 생산량 증가)
but, 소비자잉여는 독점기업에게 이전

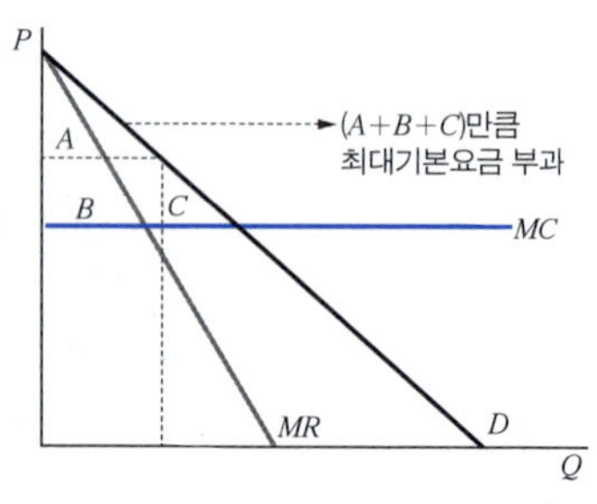

042 독점에 대한 평가와 규제

1. 독점의 평가

(1) 효율성 측면: 후생손실, 초과설비, 자원낭비

① X−비효율성 : 라이벤스타인, 경쟁 부재, AC 상방이동 → 나태

② 소비자 선택 제한

(2) 소득분배측면

소비자 잉여 일부가 생산자에게 이전 (→부와 소득 재분배)

(3) 기술측면

부정적 견해(경쟁압력 부재) VS 긍정적 견해(초과이윤 기반 R&D)

참고 독점도

- 러너기준 $= \dfrac{P-MC}{P}$
- 힉스 기준 $= \dfrac{P-MC}{P} = \dfrac{P-MR}{P} = \dfrac{P-P\left(1-\frac{1}{\varepsilon}\right)}{P} = \dfrac{1}{\varepsilon}$

2. 독점규제

(1) 가격규제

① 가격상한제 → 최고 가격제 ② $P=MC$에서 설정 ③ 자연독점의 경우 적자 발생

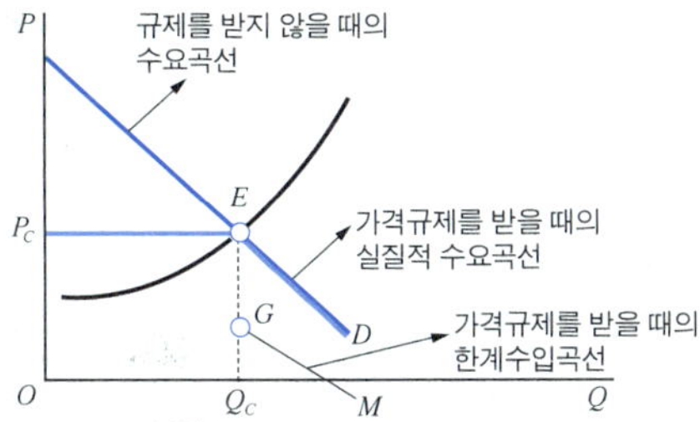

(2) 조세부과

① 종량세 ⇨ AC, MC 상방이동, $P\uparrow$, $Q\downarrow$ (생산자 잉여 감소, 소비자 잉여 감소)

② 정액세(이윤세) : 고정비용성격, AC만 상방이동(MC불변), $\bar{P}$, $\bar{Q}$불변 (독점기업 이윤만 감소하고, 소비자잉여의 감소는 일어나지 않음)

참고

- 단위당 T원 물품세 $\pi = TR - TC - TQ \rightarrow MR = MC + T$
- 단위당 t% 종가세 $\pi = TR - TC - tPQ = (1-t)TR - TC \rightarrow (1-t)MR = MC$
- t% 이윤세 $\pi = \pi - t\pi = (1-t)\pi = (1-t)[TR - TC] \rightarrow MR = MC$

(3) 경쟁촉진정책, 신규기업진입유도, 기존 독점기업 분할

043 자연독점

1. 자연독점 개념과 의의

① 평균비용(AC)하락 : 규모의 경제(시장의 크기에 대한 상대적 개념)
② 초기의 막대한 고정비용 투입

2. 자연독점과 가격정책

(1) 한계비용가격설정(MC pricing : $P=MC$)
① 자원배분 효율적
② 적자 발생

(2) 평균비용가격설정(AC pricing : $P=AC$)
① 자원배분 비효율적
② 적자 발생 안함

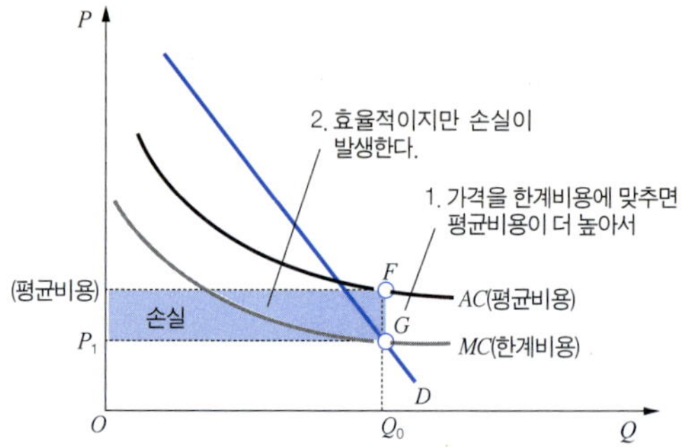

044 독점적 경쟁시장

1. 독점적 경쟁시장 개념과 특성

(1) 개념

독점적 특성(차별화, 시장지배력)+경쟁적 특성(진입과 퇴출이 용이, 다수 기업)

(2) 특성

① 제품차별화 : 품질 디자인, 기능의 차이 → 수요곡선 우하향(비탄력적), 비가격 경쟁

② 기업의 수 多 → 다른 기업의 전략 고려 × (상호의존성×)

③ 진입과 퇴출 용이 : 장기에 정상이윤만

(3) 평가

① 제품차별화를 통한 다양성(긍정적 측면)

② $P>MC$ → 자원배분 비효율적, 초과설비 보유

③ 비가격경쟁, 기술혁신에는 부정적

2. 독점적 경쟁시장 균형

(1) 단기

독점과 거의 동일

(2) 장기

① 진입퇴출에 따른 개별기업이 직면한 수요곡선 이동 → 장기에는 정상이윤만 획득

② $P=LAC=SAC$ → but, 초과설비 보유시 $P>MC$, 규모경제 구간 생산

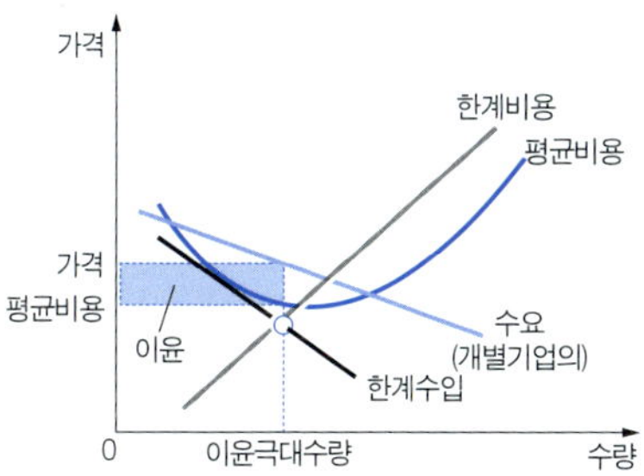

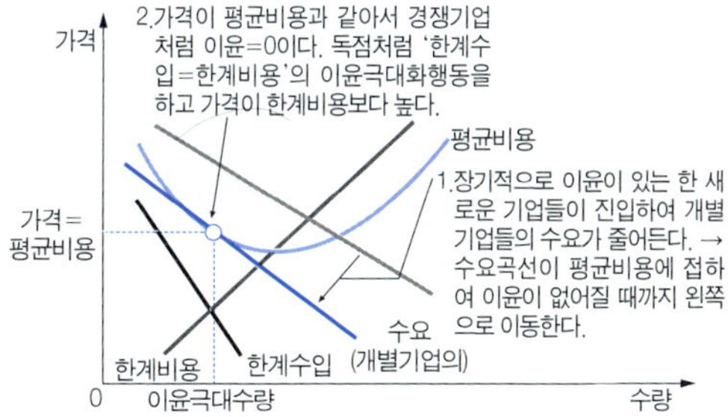

045 과점시장의 특성

1. 과점시장의 개념

기업의 수는 소수 → 시장에 대해서 개별기업이 미치는 비중이 큼

예 휘발유, 철강, 자동차, 컴퓨터

2. 과점의 특성

① 기업간 상호의존성 : 기업의 수가 소수 → 전략적 상황
② 비가격 경쟁 : 광고, 제품차별화 → 다양한 상품 공급으로 소비자 선택 폭 확대
③ 진입장벽 : 담합, 카르텔의 공동행위
④ $P>MC$: 비효율적, 과다한 자원낭비(광고)
⑤ 기술혁신에는 긍정적

참고 과점 모형 구분

① 비협조적 행동(non-corporative)행동
- 생산량 경쟁 - 꾸르노, 슈타켈버그
- 가격 경쟁 - 베르뜨랑, 굴절수요곡선모형

② 협조적 행동(corporative)행동 : 카르텔, 가격선도 모형
③ 기타 이론 : 비용할증가격 설정, 진입저지가격설정, 약탈적 가격설정, 경합시장이론

예제 꾸르노 균형 계산문제: 수요곡선은 $P=-2Q+60$, $MC=0$

▶ 완전경쟁시장

$P=MC$에서 균형 $\therefore -2Q+60=0$

이윤극대화 균형산출량(Q_c)=30

▶ 독점시장

$MR=MC$균형, $MR=-4Q+60=0=MC$

이윤극대화 균형산출량(Q_m)=15단위

▶ 꾸르노 복점

꾸르노균형에서 각 기업은 10단위씩의 상품을 생산해서 총생산량은 20단위

⇒ 독점화된 상태에서의 산출량(15단위)보다 크나, 완전경쟁수준의 $\frac{2}{3}$에 불과

$P=-2(q_1+q_2)+60$ $TR_1=P\cdot q_1=-2q_1^2-2q_1q_2+60q_1$ $MR_1=-4q_1-2q_1^2+60$

〈균형에서는 $MR_1=MC$〉

$q_1=-\frac{1}{2}q_2+15$

※ 우하향하는 수요곡선과 한계비용 일정

⇨ 완전경쟁(1)>슈타켈버그 (3/4=선도자 1/2, 추종자 1/4)>꾸르노 (2/3)>독점 (1/2)

046 꾸르노 모형

1. 배경

① 복점(duopoly)상태하의 시장이 분석대상
② 모든 면에서 동일한 두 기업
③ $MC=0$ (아무런 비용을 들이지 않고 샘물을 길어다 팔 것)

2. 모형의 기본가정

① 상대 기업은 현재의 산출량을 그대로 유지할 것이라고 추측

$$\text{기업 1의 } CV_q = \frac{\Delta Q_2}{\Delta Q_1} = 0, \quad \text{기업 2의 } CV_q = \frac{\Delta Q_1}{\Delta Q_0} = 0$$

② 각 기업은 상대방이 일단 어떤 산출량을 선택하면 이를 주어진 것으로 보고 자신의 이윤을 극대화하는 산출량을 선택 → 추종자(follower)로서의 역할

3. 꾸르노 균형(Cournot equilibrium)

두 기업의 반응곡선이 교차하는 E점
→ ∵ 균형에서는 어느 기업도 혼자만 산출량을 다른 수준으로 바꾸려 들지 않을 것이기 때문
⇨ 이 경우는 꾸르노 균형이 안정적(stable)

※ 기업1의 반응곡선 :
$q_1 = -\frac{1}{2}q_2 + 15$
① 기업1의 이윤을 극대화해주는 산출량이 상대방 기업의 산출량에 따라서 달라짐
② 상대방의 산출량을 주어진 것으로 보고, 자신의 이윤을 극대화하는 산출량 선택
③ 기업 1의 반응곡선
⇨ 기업 2의 반응곡선은 완전한 대칭성을 갖는다고 예상할 수 있고,
$q_2 = -\frac{1}{2}q_1 + 15$

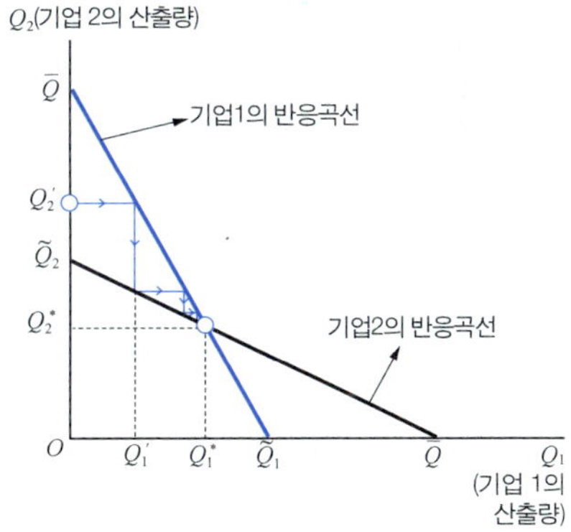

047 베르뜨랑 모형

1. 모형의 의의와 가정

① 가격의 추측된 변화(CV_P)에 입각한 과점모형 제시
: 각 기업은 상대방이 현재의 가격을 그대로 유지할 것이라는 기대하에서 행동

$$CV_P = \frac{\Delta P_j}{\Delta P_i} = 0$$

② 두 기업이 똑같은 상품을 생산, 소비자들은 완전한 정보 보유, 한계비용이 일정한 수준(3천원)에서 불변

2. 분석

① if 기업 1이 한계비용보다 높은 가격을 선택했다면,
⇨ 기업 2는 이보다 약간 낮은 가격을 불러 소비자들을 모두 자기에게로 끌어들이려고 노력

② 기업 2의 최적대응이 반응곡선에 나타남
⇨ 45°선보다 약간 아래쪽에 위치한 반직선
∴ 상대방이 부른 가격(P_1)보다 약간 낮은 가격이 최적대응
(반응곡선이 45°선과 일치한다면 상대방과 동일한 가격을 부과함 의미)

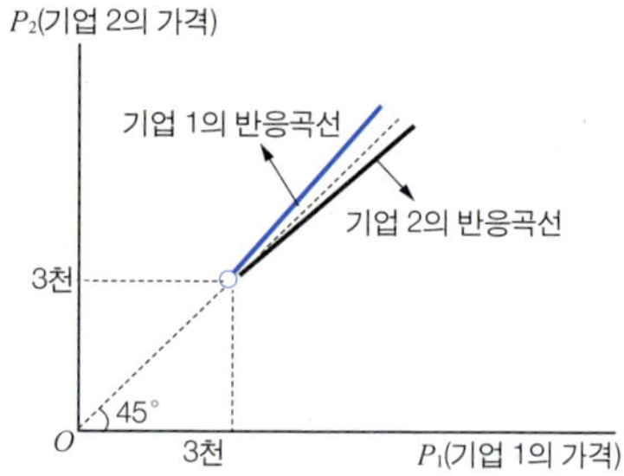

③ 베르뜨랑 균형(Bertrand equilibrium) : 두 반응곡선이 교차하는 F점

④ 가격과 산출량이 완전경쟁시장과 매우 비슷해짐(효율적인 자원배분으로, 두 기업 이윤은 0)

3. 한계

① 두 기업의 상품이 동일

② 한계비용이 고정

③ 생산비용만 모형에서 고려하고, 수요조건은 무시(수요조건이 균형에 전혀 영향을 미치지 않음)
⇨ 차별화된 상품을 생산한다고 가정하는 경우, 균형은 가격이 한계비용보다 더 높게 되고, 수요조건도 영향을 미치게 되는 결과가 나올 것임

048 굴절수요곡선

1. 배경

① 과점시장에서의 가격안정성 경향 → 담합과 협조가 일반적
but, 그렇지 않은 상황에서도 가격의 안정성이 나타날 수 있음
② 과점시장의 기업들 간에 아무런 담합·협조가 이루어지지 않아도 가격의 안정성이 가능
→ ∵ 기업이 인식하고 있는 수요곡선에 굴절(kink)이 있기 때문

2. 분석

가격의 추측된 변화가 비대칭성(asymmetry) 지님
① 수요곡선에 굴절이 발생
② 가격 인하를 시도시 가격의 추측된 변화가 1의 값을 지니나, 가격 인상시 0임
→ 자신이 가격을 낮추면 고객을 잃지 않아 덩달아 가격을 내리지만, 가격을 올릴 때는 현재의 가격을 그대로 유지해 고객을 끌어가려고 함
■ 기대의 비대칭성 때문에 그 기업은 (현재의 산출량과 가격을 나타내는) 점에서 굴절이 있는 수요곡선에 직면해 있다고 인식

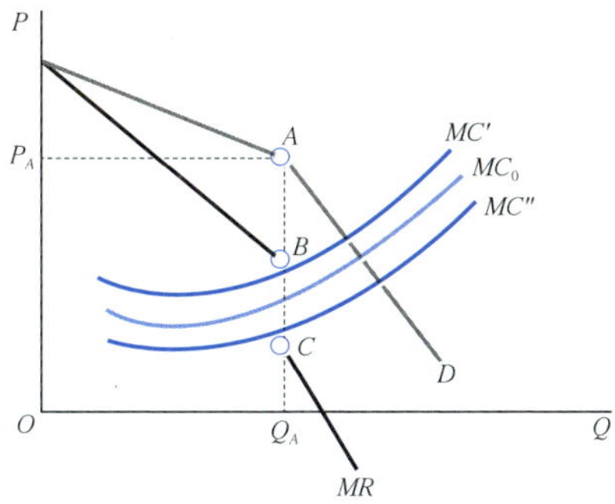

→ 굴절된 수요곡선에서 도출한 한계수입곡선은 산출량 Q_A의 수준에서 불연속
∴ 한계비용이 변해도 MC'와 MC'' 사이에서는 A점이 계속 이윤극대화점

3. 경제적 함의와 한계

① 과점시장의 가격 안정성은 기업의 인식된 수요곡선의 굴절 때문이라는 결론
② but, 사후적으로(ex post) 확인해 줄뿐, 애초에 그 가격이 어떻게 해서 생성된 것인가에 대해서는 아무런 설명도 못해준다는 문제점
③ 스티글러의 실증연구에서도 과점시장 안의 기업이 직면하고 있는 수요곡선에 굴절이 존재한다는 것을 증명하기 어렵다고 함 (현실에서는 한 기업이 가격을 인상하면 다른 기업도 가격을 인상하는 것 포착)

049 카르텔과 가격선도 모형

1. 카르텔 모형

(1) 개념과 특성

① 과점기업들이 담합을 통해 독점기업처럼 공동행동

② 카르텔 전체의 이윤극대화 추구

③ 카르텔 협조 위반시 개별기업은 초과이윤 가능성 → 붕괴가능성 내재

(2) 카르텔의 이윤극대화

$$MR = MC_1 = MC_2$$

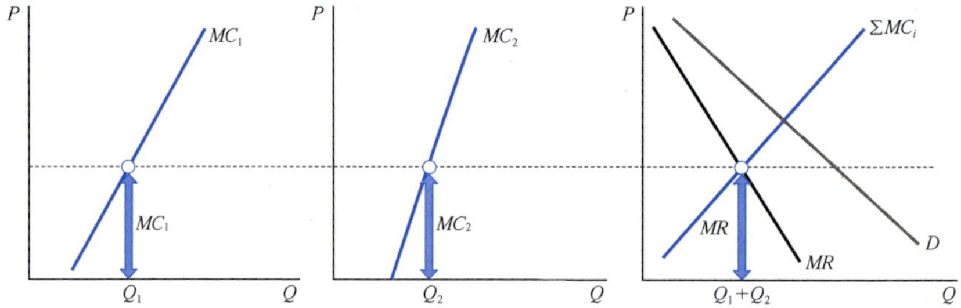

(3) 카르텔의 불안정성($P_0 \to P_1$)

가격을 인하해서 생산량을 늘리는 경우($Q_0 \to Q_1$)

담합을 깨는 경우 이윤 증가

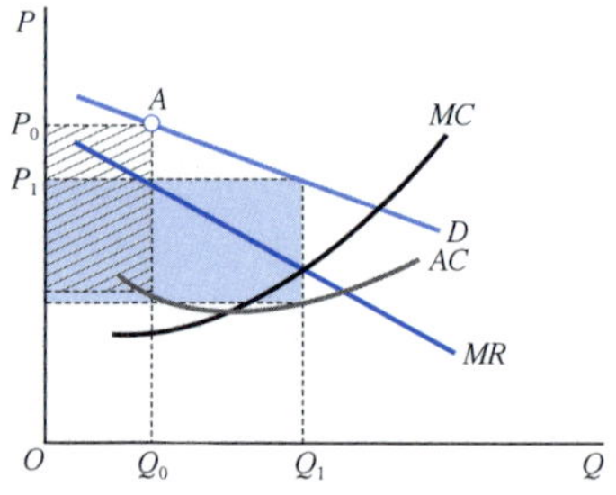

※ 이탈유인 촉진 요인

① 기업의 수가 많아 개별 행동의 적발이 어려운 경우

② 신속한 보복이 어려운 경우

③ 치명적 타격을 입히기 어려운 경우

④ 상품이 이질적이어서 가격의 차이가 품질의 차이를 반영하는지 알기 어려울 때

⑤ 경기 침체시 수요 부족으로 인한 이윤의 저하가 심각한 문제가 될 때

2. 가격선도모형

불완전한, 암묵적 담합

050 비용할증가격설정과 경합시장

1. 비용할증 가격설정

(1) 개념

$$P=AC(1+m)$$

① 평균비용(AC)에 일정한 할증률을 더해 가격 설정
② 풀 코스트 가격설정(full cost pricing), 마크업 가격설정(mark-up pricing)

(2) 특성

① MR과 MC를 정확히 알기 어려운 경우 사용
② AC를 기준으로 가격을 설정해 시장의 외부요건 변화에 가격은 경직적

2. 경합시장 이론

(1) 개념

① Baumol
② 진입장벽과 퇴출장벽이 없음

(2) 특성

① 완전경쟁시장과 동일한 균형 : 정상이윤만 획득
② $P=MC=AC$ (효율적) → 초과이윤은 신규기업의 진입, 손실은 퇴출 유인
③ 진입장벽과 퇴출장벽을 낮추면 효율적인 자원배분 달성 가능 → 기업 수 중요하지 않음

051 내쉬균형과 우월전략균형

1. 내쉬균형(Nash equilibrium)

(1) 개념

① 주어진 상대방의 전략에 대해서만(상대방의 전략을 주어진 것으로 보고) 최적인 전략을 가질 것을 요구하는 균형의 개념

② 상대방의 최적 전략에 대해서만 최적 대응이 될 수 있는 전략

③ 우월전략보다 약화된 개념 (→ 존재가능성이 크다는 의미)으로 더 유용한 개념

⇨ 내쉬균형은 존재하지만 우월전략균형은 존재 안하는 경우

기업B / 기업A	전략 b_1	전략 b_2
전략 a_1	(10, 5)	(3, 3)
전략 a_2	(3, 3)	(5, 10)

(2) 내쉬균형의 성격

① 꾸르노 모형에서의 반응곡선은 게임이론에서의 내쉬균형전략에 해당

⇨ 두 반응곡선의 교차점에서 찾아지는 꾸르노균형은 두 내쉬 균형전략의 짝과 같은 의미

② 내쉬균형은 반드시 파레토효율적인 성격을 갖지 않음

기업B / 기업A	전략 b_1(적은 광고비)	전략 b_2(많은 광고비)
전략 a_1(적은 광고비)	(8, 8)	(1, 10)
전략 a_2(많은 광고비)	(10, 1)	(4, 4)

③ 내쉬균형은 하나 이상 존재할 수 있고, 존재하지 않을 수도 있음

⇨ 이 경우 혼합전략을 사용하면 반드시 내쉬균형이 존재

※ 순수전략(pure strategy)은 각 경기자가 하나의 전략을 선택하고, 그것을 고수하는 것. 반면, 혼합전략(mixed strategy)은 여러 행동을 적절히 혼합해서 사용하는 전략

2. 우월전략균형(dominant strategy)

① 상대방이 어떤 전략을 선택할지에 관계없이 자신의 보수를 더 크게 만드는 전략

② 상대방의 모든 전략에 대해서 최적 대응이 될 수 있는 전략

③ 직관적으로 명백하나 현실에서 예를 찾기 어려움

⇨ 기업 A의 경우 a_2, 기업 B의 경우 b_2가 우월전략임

052 혼합전략과 최소극대화 전략

1. 혼합전략균형(mixed strategy equilibrium)

혼합균형전략도 내쉬균형의 일종

(1) 게임규칙

각자가 선택한 것을 비교해 둘의 선택이 일치하면 경기자 1이 이겨 1원을 따고, 서로 엇갈리게 선택했으면 경기자 2가 이겨 1원을 딴다는 것이 이 게임의 규칙

경기자1 \ 경기자2	앞면	뒷면
앞면	(1, −1)	(−1, 1)
뒷면	(−1, 1)	(1, −1)

(2) 방법

경기자 1이 각각 p와 $(1-p)$의 확률로 앞면과 뒷면을 선택한다고 가정할 때 ⇨ 경기자 2는

① 앞면을 선택시 (경기자 2의) 기대보수$=p\times(-1)+(1-p)\times1$

② 뒷면을 선택시 (경기자 2의) 기대보수$=p\times1+(1-p)\times(-1)$

▶ 이 둘의 값이 서로 같아야만 경기자 2가 어떤 전략을 선택하든 자신이 얻을 수 있는 기대보수에 아무 변화가 없음 $\therefore\ p\times(-1)+(1-p)\times1=p\times1+(1-p)\times(-1)$

$p^*=\frac{1}{2}$($\frac{1}{2}$씩의 확률로 섞는 것이 최선의 전략)

2. 최소극대화전략(maximin strategy)

(1) 개념

① 일어날 수 있는 최악의 결과들을 비교하고, 가장 덜 나쁜 결과를 선택

② 최악의 경우 얻게 되는 보수를 극대화하는 관점 (보수적 전략)

(2) 게임상황

① 내쉬균형은 (a_2, b_2) → 유일한 N.E.

② 만일 상대방(기업B)이 b_1을 잘못 선택한다면, → 기업A는 −100억원 손실

③ ∴ 기업 A가 매우 조심스러운(보수적) 태도이고, 상대방의 상황파악능력이나 합리성에 의구심이 생기는 경우 → 안전하게 a_1을 선택해 100억원의 손실을 회피

기업A \ 기업B	전략 b_1	전략 b_2
전략 a_1	(1, 5)	(2, 9)
전략 a_2	(−100, 2)	(3, 4)

④ 상대방이 우월전략인 b_2를 선택하는 경우보다 보수(payoff)가 약간 작아지는 불이익이 있지만, 상대방이 비합리적인 선택을 했을 때 생기는 큰 피해만은 막을 수 있음

053 순차게임과 불완전 정보

1. 순차게임의 의미

(1) 게임 상황

① 기존의 *ABC*사와 신규 진입을 노리는 가나다사 사이의 게임에서 우선 가나다사가 진입 여부를 결정하고, 그것을 본 *ABC*사가 높은 산출량(*H*) 혹은 낮은 산출량(*L*)으로 대응

⇨ 신규진입기업은 기존기업의 반응에 관심

② 기존기업은 어떻게든 위협을 가해서 신규기업의 진입을 억제 시도

⇨ 가장 그럴듯한 위협은 산출량을 대폭 늘려 가격을 떨어뜨리겠다는 의도(얼마나 큰 신빙성이 있는가 중요)

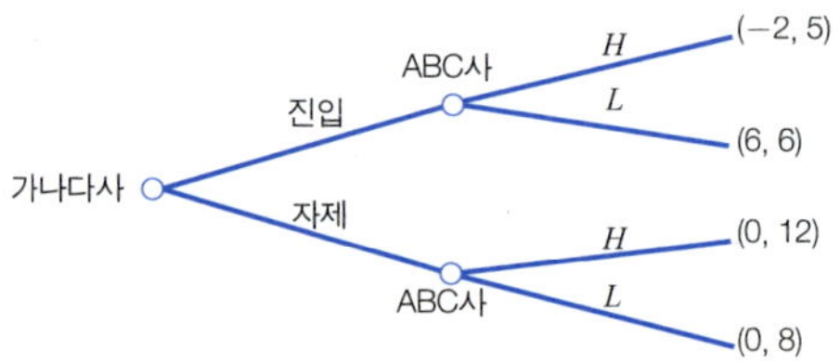

(2) 완전균형

① *ABC*사의 입장에 본 최적전략 : 만약 가나다사가 진입하면 낮은 산출량(L)을 선택하고, 진입하지 않으면 높은 산출량(H)을 선택한다는 것

⇨ but, 가나다사의 경우에는 최적전략이라고 부를 수 있는 것이 존재하지 않음

② 가나다사가 진입하고 *ABC*사가 *L*로 대응해, 두 기업 모두 6억원씩의 이윤을 얻는 것이 이 게임에서 하나의 균형이 될 수 있음 → 역진귀납(backward induction)의 방법

③ 이 균형은 어느 한 쪽이 독자적인 행동을 통해 자신의 보수를 더 크게 할 수 없다는 의미에서 내쉬조건(Nash condition) 충족

⇨ but, 그러나 순차게임에서 의미 있는 균형은 내쉬조건뿐 아니라 신빙성조건(credibility condition)이라는 추가적인 조건도 충족할 수 있어야 함.

④ 가나다사가 진입하지 않고, *ABC*사가 모든 경우에서 *H*로 대응하는 것 역시 내쉬조건을 충족

⑤ 그런데 *ABC*사가 모든 경우에 *H*로 대응하는 전략(강한 대응)에는 신빙성이 없음

⇨ '헛된 위협'(empty threat)에 불과

∴ 따라서 이것은 순차게임의 합리적인 균형이 될 수 없음

⑥ 내쉬조건과 신빙성조건을 동시에 만족시키는 전략의 짝이 완전균형(perfect equilibrium).

⑦ 신빙성 확보 방안 : 번복 불가한 상황 설정

- 공약(commitment)
- 생산시설 확장 → 매몰비용을 늘려 지출한다는 의미

054 $MRP = MFC$

1. $MRP=MFC$

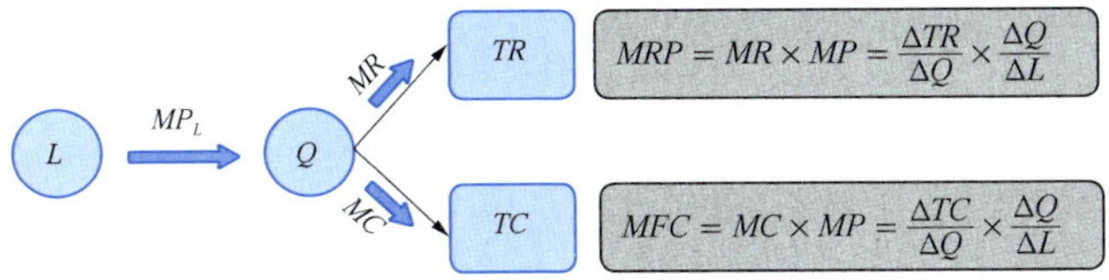

2. 생산물과 생산요소시장의 유형에 따른 정리

구분		생산요소 시장: 완전경쟁	생산요소 시장: 수요독점
생산물 시장	완전경쟁	$w=MFC=MRP=VMP$	$w<MFC=MRP=VMP$
	불완전 경쟁	$w=MFC=MRP<VMP$	$w<MFC=MRP<VMP$

⇨ 완전경쟁으로 공급되는 어떤 생산요소를 한 기업만이 구매하는 요소시장에서는 이윤극대화 요소투입량에서 이 기업은 자신이 지불할 용의가 있는 요소가격을 지불하지 않고 요소공급자들이 최소한 받고자 하는 요소가격을 지불

참고

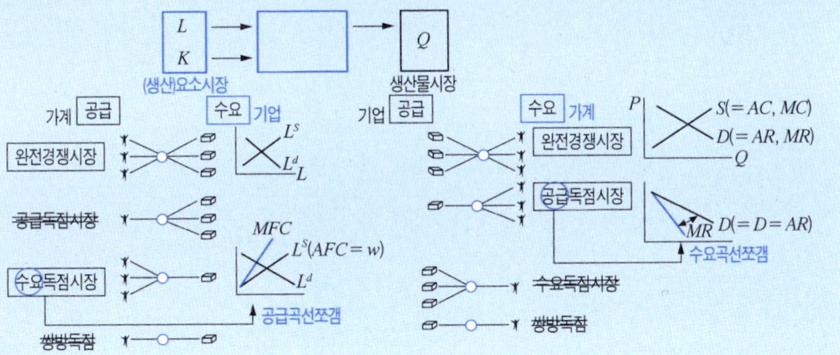

3. 수요독점하의 최저임금제 효과

노동조합 결성되어 임금 인상시 반드시 실업을 감수하는 것은 아님(고용량 증가 가능)

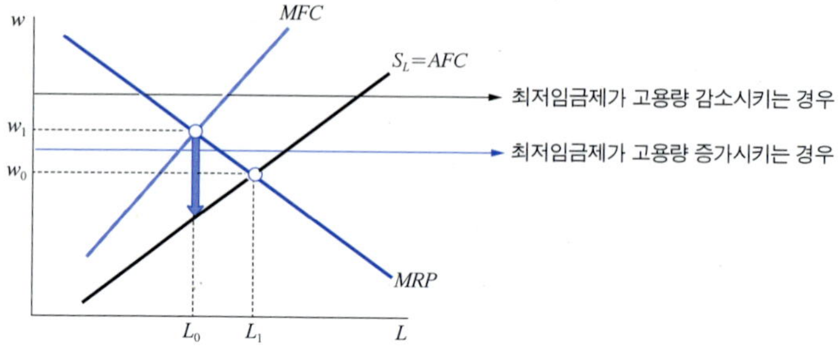

055 노동공급곡선과 후방굴절

1. 노동공급곡선 도출

(1) 예산선 : $M = wL = w(24-l) = -wl + 24w$(단, l은 여가, L은 노동)

(2) 무차별곡선 : $\overline{U} = f(l, M)$

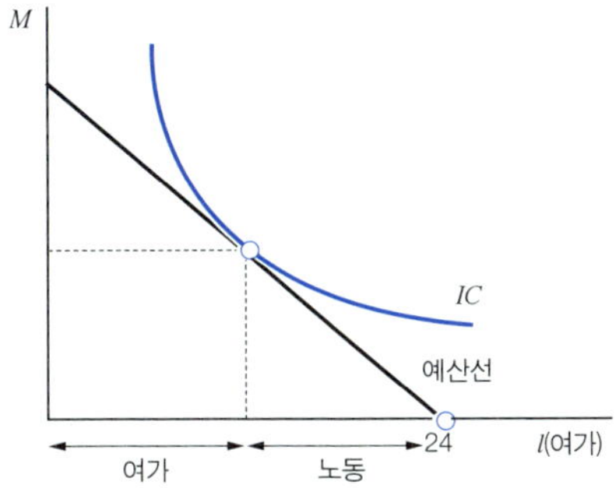

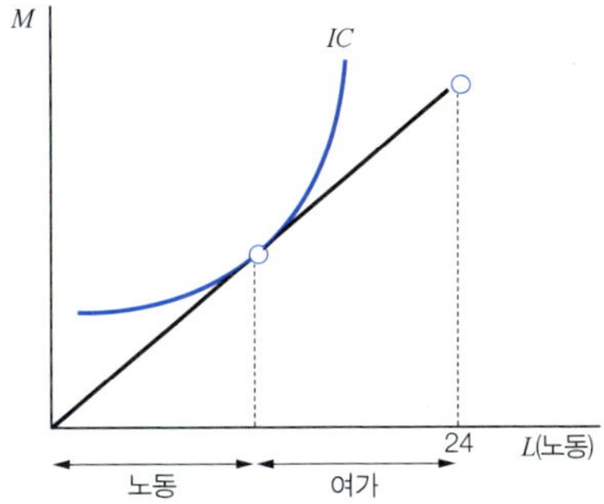

(3) 임금상승효과

① 대체효과　$w\uparrow \Rightarrow P_{여가}\uparrow \Rightarrow l\downarrow (=L\uparrow)$

② 소득효과　$w\uparrow \Rightarrow m(실질소득)\uparrow \Rightarrow l\uparrow (=L\downarrow)$

(a) 대체효과가 큰 경우

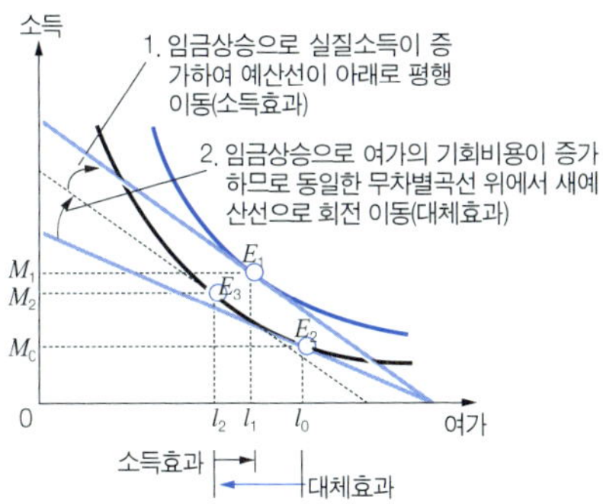

(b) 소득효과가 큰 경우

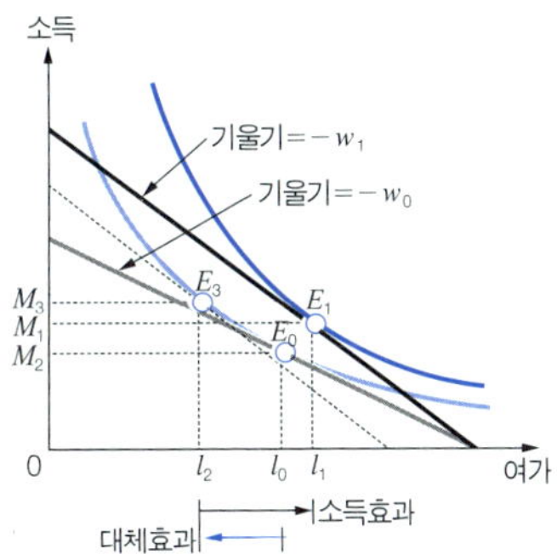

2. 후방굴절 노동공급곡선

※ 여가가 정상재(ε_M>0)이란 전제하에서 대체효과<소득효과

056 경제적 지대와 준지대

1. 경제적 지대(economic rent)

(1) 개념

① 생산요소가 얻는 소득 중 이전수입(기회비용)을 초과하는 부분
→ 생산자 잉여의 개념(불로소득 유사)

② 뛰어난 운동선수 : 각종 자격증, 정원 제한

경제적 지대	준지대
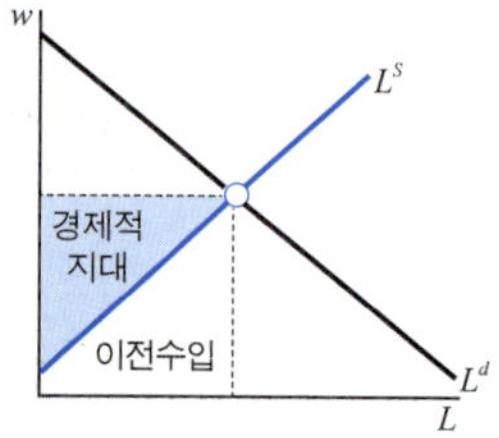	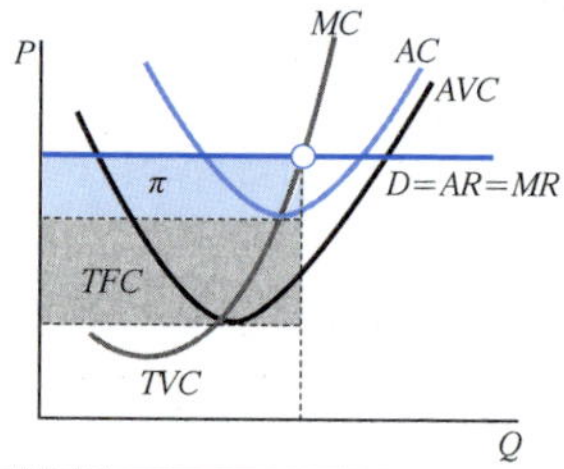

이전수입(transfer earnings; 전용수입)
어떤 생산요소가 현재 용도에서 다른 용도로 이전하지 않기 위해 최소한 지급해야 하는 최소한의 금액 → 최소한 받아야겠다는 기회비용 개념

(2) 경제적 지대와 탄력성

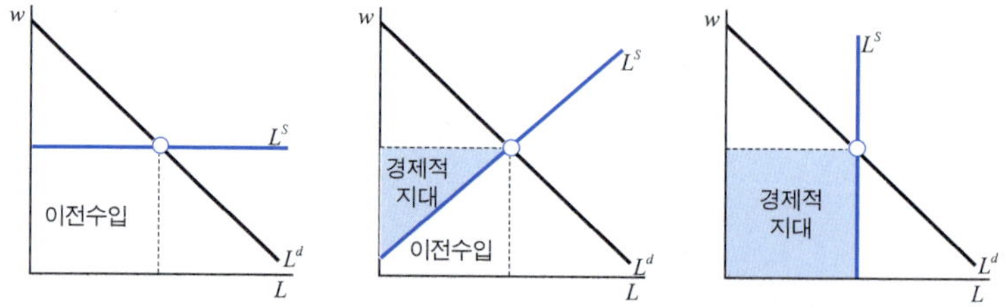

지대추구행위(rent-seeking behavior)
고정된 생산요소에서 발생한 경제적 지대(특권)를 얻거나 지키려는 노력
→ 사회적 후생손실, 각종 규제 발생

2. 준지대(quasi-rent)

단기적으로 고정된 생산요소의 특성에서 발생 → 총가변비용(*TVC*)를 상회하는 부분
※ 장기에는 고정투입요소가 없어 준지대도 없음

057 계층별 소득분배

1. 로렌츠 곡선

소득이 가장 낮은 사람으로부터 높아지는 순서대로 배열 후, 하위 몇 %에 속하는 사람들이 전체 소득 중 몇 %를 차지하고 있는지 나타낸 점들을 모아 놓은 곡선

① 서수적 성격

② 곡선이 교차하는 경우에 판단 불분명

로렌츠 곡선

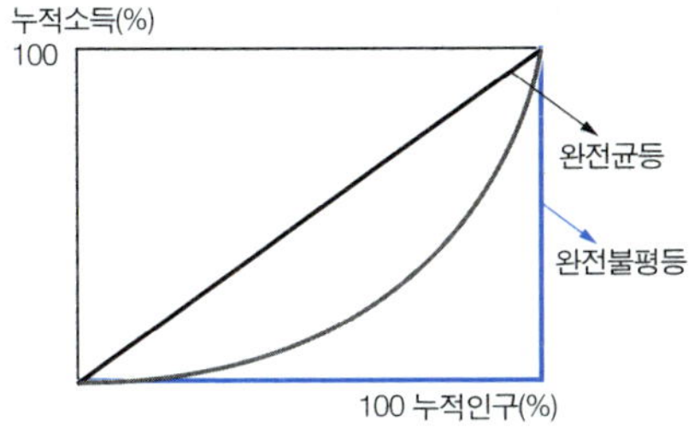

지니계수

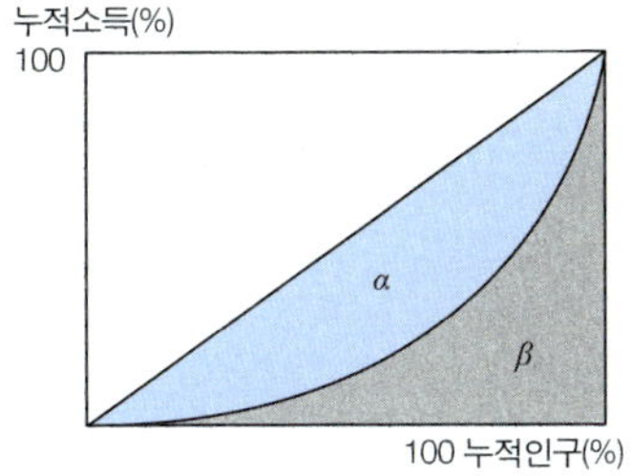

2. 지니계수

$$G = \frac{\alpha}{\alpha + \beta}(0 \le G \le 1)$$

3. 십분위분배율

$$D = \frac{\text{하위 40\% 소득 점유율}}{\text{상위 20\% 소득 점유율}}$$

4. 앳킨슨 지수 (Atkinson index: A)

$$A = 1 - \frac{Y_e}{\overline{Y}}$$

① 사회후생함수가 명백히 드러날 수 있는 성격

② 똑같은 분배 상태라도 보는 사람에 따라서 균등분배대등소득이 달라질 수 있기 때문에 A의 값도 여러 가지로 나올 것임

③ 현재 분배상태가 거의 균등분배상태라고 하면 $Y_e = \overline{Y}$가 되어, 거의 $A=0$가 될 것임.

④ 균등분배대응소득

1인당 평균소득이 $\overline{Y}$로 주어진 사회에서 후생수준이 W인 경우, 이 W의 후생수준을 달성하기 위해서 얼마씩 모든 사람들에게 동등하게 (Y_e) 분배해 주면 되는가?

058 파레토효율성과 후생경제학

	내 용	설 명
Pareto 효율성 조건	개념	한 사람의 효용증가를 위해서 반드시 다른 한 사람의 효용이 감소되어야만 하는 상태(파레토개선이 불가능한 상태)
	생산 효율성	$MRTS^X_{LK} = MRTS^Y_{LK}$ 계약곡선 → 생산가능곡선(PPC)
	소비 효율성	$MRS^A_{XY} = MRS^B_{XY}$ 계약곡선 → 효용가능곡선
	생산과 소비의 효율성	$MRS_{XY} = MRT_{XY}$
사회후생함수	사회무차별곡선	공리주의 : 총효용 극대
		평등주의적 : 저소득층에 가중치
		Rawls : Maximin 원리
	불가능성 정리	효용가능경계와 SIC의 접점이 가장 바람직한 유일해 모든 성격을 두루 갖춘 SWF은 존재 불가능
	차선의 이론	부분적 점진적 개혁이 후생증가에 기여할 지는 미지수
후생변화의 평가기준	파레도 기준	최소한 한 사람의 효용증가가 있으면 개선

※ 경제상태의 바람직성 판단 기준=효율성+공평성

059 교환 · 생산 · 종합적 효율성

완전경쟁시장과 효율성 조건	소비 : $MRS^{A}_{XY} = MRS^{B}_{XY} = \dfrac{P_X}{P_Y}$
	생산 : $MRTS^{X}_{LK} = MRTS^{Y}_{LK} = \dfrac{w}{r}$
	종합 : $MRS_{XY} = \dfrac{P_X}{P_Y} = \dfrac{MC_X}{MC_Y} = MRT_{XY}$
후생경제학 제1정리	경쟁균형 → P.E.(단조성, 외부성 없음)
후생경제학 제2정리	P.E → 경쟁균형 (볼록성, 초기자원의 재배분을 통한 P.E. 달성 가능, 정부개입)

생산의 효율성

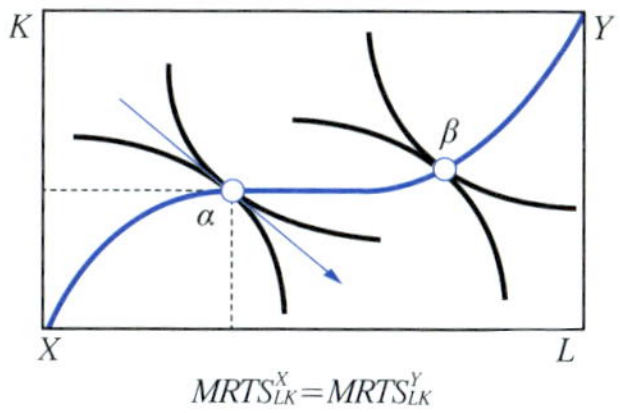

생산가능곡선(PPC)

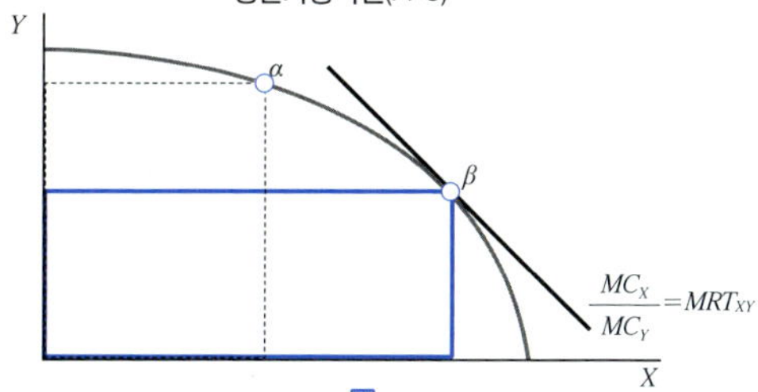

효용가능경계(UPF)

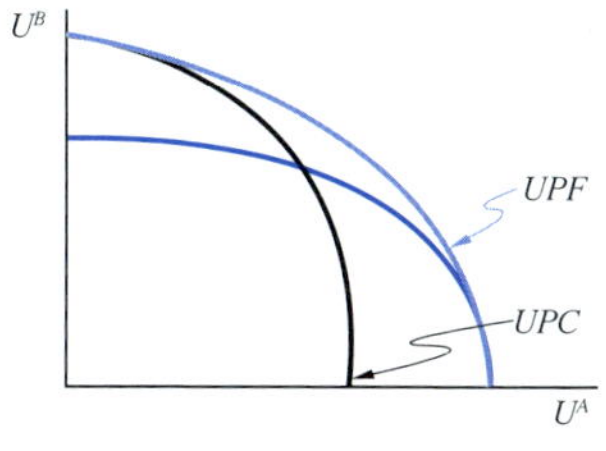

소비의 효율성

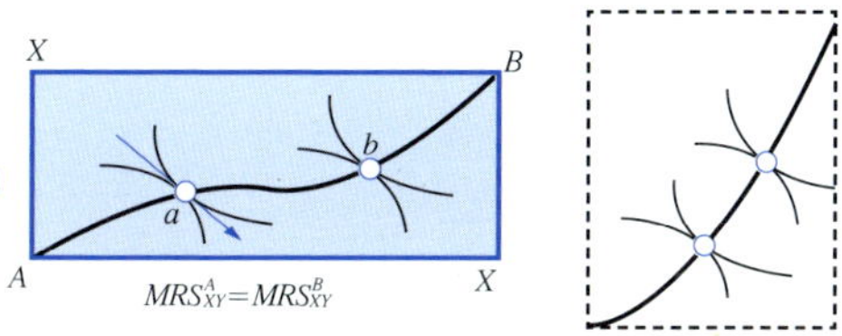

060 효용가능경계와 사회후생함수

1. 효용가능경계

① 경제내 모든 자원을 가장 효율적으로 배분시 A와 B가 얻는 효용조합

② UPF 상의 모든 점들은 <u>생산과 소비가</u> 동시에 파레토 효율적

2. 사회후생함수

(1) 사회후생함수의 의미

① $SW=f(U_A, U_B)$

② 보상의 원칙이 개인 간 효용비교의 문제를 우회하려는데 비해

⇨ 사회후생함수에 의한 평가는 주관적인 가치판단을 도입해 정면적 해결

(2) 사회무차별곡선

사회후생함수에서 동일한 수준의 사회후생을 주는 두 사람의 효용의 조합

공리주의적 가치판단	평등주의적 가치판단	롤스적 가치판단
■ $SW=U_A+U_B$ ■ 두 사람 간의 효용이 어떻게 분배되는지 관계없이 단지 개인 효용의 합으로 결정 ■ 가중치 없음	■ 어떤 사람의 효용수준이 더 높을수록 더 작은 가중치 부여 ⇨ 부자들에게서 가난한 사람들에게 소득을 재분배해야 한다는 근거 ■ $SW=U_AU_B$ 원점에서 볼록한 사회무차별곡선 ⇨ A의 한계효용이 갖는 상대적 중요성이 점점 작아짐 ⇨ 사회무차별곡선의 기울기가 완만해진다는 것 의미	■ $SW=min(U_A, U_B)$ ⇨ 최소극대화 원칙, 가장 못하는 사람이 효용수준에 의해 사회후생 결정 ■ 한 사회에서 가장 못사는 사람의 생활수준을 가능한 가장 크게 개선시키는 것이 최우선 과제

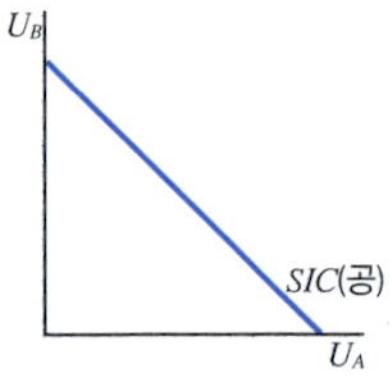

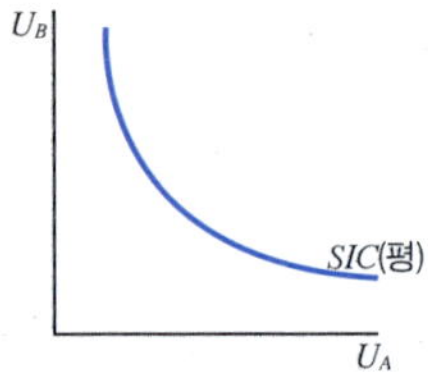

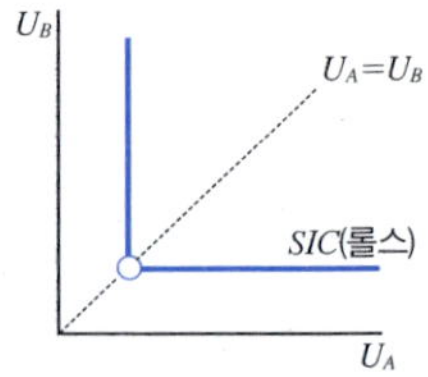

참고 불가능성 정리 : 애로우(K. Arrow)

(1) 등장배경과 개념

① 등장배경 : 사회후생함수가 실제로 존재할 수 있는가?

② 개념 : 바람직하다고 생각할 수 있는 여러 성격을 두루 갖춘 사회적 선호체계 (사회후생함수)는 존재하지 않는다는 것을 입증

(2) 사회후생함수가 갖추어야 할 조건

① 완전성(완비성)과 이행성: 비교가능하고, 일관된 선택

② 비제한성 : 개인들의 선호를 특정선호로 국한시켜서는 안됨

③ 파레토원칙 : 부분 → 전체

④ (무관한 선택대상으로부터) 독립성 : 제3의 대안 개입에 영향을 안받아야

⑤ 비독재성

061 시장실패와 정부실패

1. 시장실패 개념과 원인

(1) 개념

시장기구가 자원을 바람직(효율성 + 공평성)하지 않게 배분

(2) 시장실패 원인

① 불완전경쟁

② 공공재

- 소비의 비경합성(non-rivalry)과 배제불가능성(non-excludability)
- 무임승차자(free rider problem)의 문제
- 강제(coercion)의 불가피성.

③ 외부성

④ 불확실성

- K. Arrow는 비록 불확실성이 존재해도 완벽한 조건부거래시장(perfect contingency market)이 존재하면 효율적 자원배분 가능함을 입증.

⇨ but, 완벽한 보험을 제공하는 것은 역선택과 도덕적 해이 때문에 불가능.

⑤ 완비되지 못한 시장(incomplete markets)

- 민간부문에는 적절한 보험시장 불비

⇨ 은행예금의 안전성을 위한 보험, 천재지변에 대한 보험, 빈곤에 대한 보험 등.

- 자본시장도 불비 → 수출입은행, 학생융자금, 중소기업융자 등.
- 보완적 시장(complementary markets)의 불비

⇨ 커피와 설탕의 예 (두 기업가가 협동하여 양자를 생산하기로 하면 서로 이득이 될 것임)

⑥ 불완전한 정보

2. 정부실패 개념과 원인

(1) 개념

시장실패로 정부 개입의 필요조건이 성립되지만 충분조건까지 성립은 아님

(2) 정부실패 이유

① 제한된 정보

② 민간부문의 반응을 완벽하게 통제 불가

③ 정치적 과정에서의 제약

④ 관료조직에 대한 불완전한 통제

062 공공재

1. 개념

① 여러 사람이 공동으로 그 소비에 참여하는 특성
→ 공평한 소득분배도 하나의 공공재라 할 수 있음
(∵ 혜택을 사회 구성원 모두가 공유가능)

② 공공재는 그 자체의 성격에 의해 규정되어야 함 (not 공급주체 기준)
→ 민간단체가 공원이나 박물관 등 공공재를 생산하기도 함

③ 모두 동일한 양을 소비하지만, 동일한 편익을 누리는 것은 아님
(= 모든 사람의 공공재 소비량이 같다고 해서 같은 가치를 부여하는 것이 아님)
→ 국방서비스에 대한 극단적인 평화주의자

2. 공공재 특성

(1) 소비의 비경합성(non-rivalry)

① 다른 사람의 소비 가능성이 줄어들지 않음

② 일정한 양의 공공재가 생산되면 모든 사람들이 바로 그만큼 공공재 소비 가능

③ 한계비용 $= 0$
(→ 사회적 관점에서 볼 때 소비하는 사람 수가 많아질수록 더 바람직하다는 의미)

(2) 배제불가능성(non-excludability)

① 대가를 지불하지 않는 사람은 그것을 소비할 수 없다는 의미(배제의 원칙 적용 불가)

② 양(+)의 가격을 부과하려고 해도 불가능 의미
☞ 비경합성의 경우는 양의 가격을 부과하는 것이 바람직하지 않다는 의미(주의!)

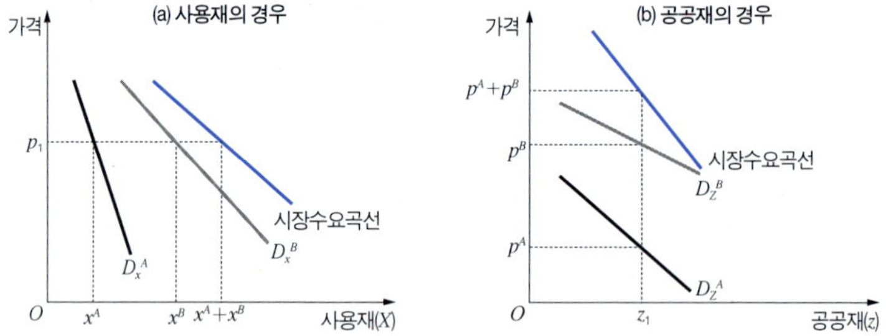

3. 공공재 최적공급

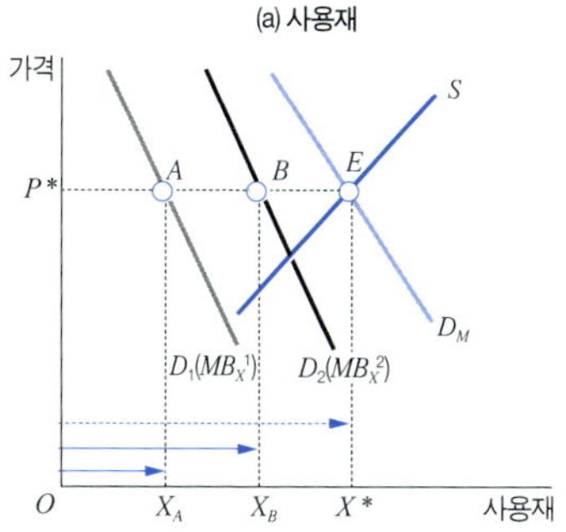

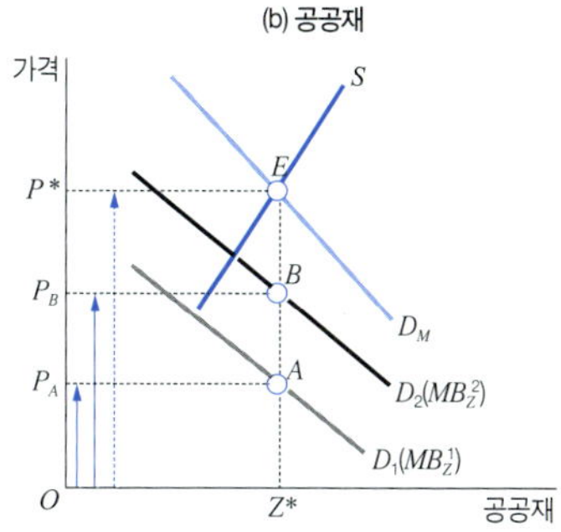

[상황] 한 마을에 김씨와 박씨 두 사람이 살고 있는데 홍수방지시설을 할지 고민이다. 각자 1000을 부담하거나, 전혀 부담하지 않은 두 가지의 전략만 지니고 있다. 이때, 둘이 1000을 각각 부담하면 홍수피해방지액은 15000이 되고, 한 사람만 부담하면 불완전하게 홍수를 완전히 방지할 수 없어 750만 피해를 막을 수 있다. 둘다 비용 안내면 혜택도 없고, 비용도 0이다.

김씨 \ 박씨	부담○	부담×
부담○	(500, 500)	(−250, 750)
부담×	(750, −250)	(0, 0)

- 우월전략(dominant strategy) : 상대방의 행동에 관계없이 자신의 최선 전략 ? 부담 ×
- 내쉬균형(Nash Equilibrium) : 둘 다 비용을 전혀 부담 안하는 것
- 협조가능성 존재 : 모두 부담하는 전략을 선택하면 더 큰 순편익을 누릴 수 있음

063 외부성

1. 개념

어떤 행위가 제3자에게 의도하지 않은 혜택이나 손해를 가져다주는데, 이에 대해 대가를 받지도 지불하지도 않을 때 외부성이 발생한다고 함

⇨ 어떤 계약관계에 의해 꿀벌 소유자에게 요금이 지급된다면 외부성이 내부화(internalize)된 것 (미국 워싱턴주에서 실제 관찰)

2. 외부성과 자원배분

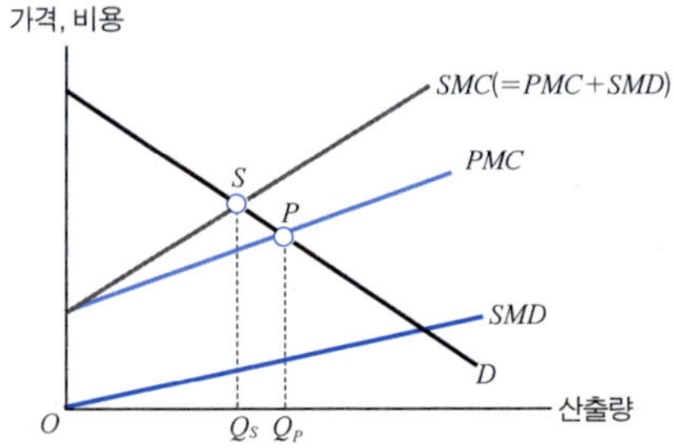

3. 해결방식

(1) 직접통제

(2) 시장을 활용한 방식 : 환경세, 오염허가서

적절한 유인을 통한 오염배출자의 배출을 스스로 억제 유도

⇨ 요구되는 정보의 양이 상대적으로 적음, 장기적으로 효율적이고, 경제적 정화기술의 개발 촉진

환경세	오염허가서
– 배출세(effluent charge), 피구세(Pigouvian tax)라고 함 – 세율을 최적 배분상태에서 오염물질이 초래하는 한계 피해액과 일치 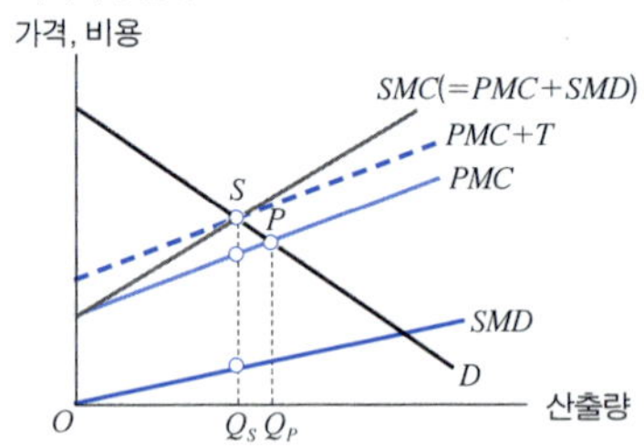	– 일정한 양의 오염허가서, 면허(license)를 발행하여 이를 보유하고 있는 경제주체만 오염물질을 배출할 수 있게 허용하는 방식 – 환경에 대한 진정한 선호를 표출하도록 유도하는데 유리 (시장에서 오염허가서가 자유로이 교환되는 상황에서 선호를 거짓되게 표출 시 자신에게 손해 발생) – 환경보전과 관련한 비용을 절약 가능 – 상당한 정도의 신축성 : 의식적인 노력없이 자동적인 조정이 가능 → 환경세를 부과하는 경우에는 인플레이션에 적용하기 위해 새로운 세율을 산정하는 등 정책당국이 변화하는 상황에 적응하기 위해 많은 노력을 투입해야 함.

(3) 코즈 정리

① 외부성 문제가 당사자들의 자발적인 협상에 의해서 해결가능

→ 소유권이 누구에게 속하는가 무관

② 정부의 개입 부정적

③ 거래비용 없어야(매우 작아야) 하고, 이해관계자 판별이 쉬워야 함

064 역선택과 도덕적 해이

1. 비대칭정보 문제

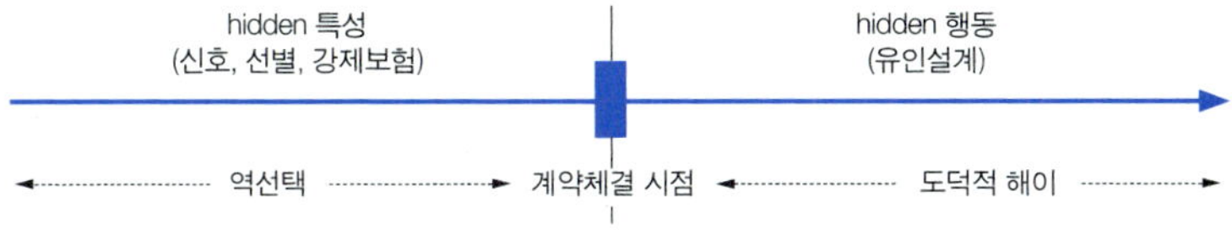

2. 역선택

(1) 개념
정보의 비대칭성으로 인해서 바람직하지 못한 선택을 하는 경우

(2) 발생원인
감추어진 특성, 자기 선택(self-selection)문제

(3) 문제점과 해결책
bad재의 부정적인 외부성(시장실패)로 바람직한 자원배분 깨짐

⇨ 신호발송(정보 많은 측), 선별(정보 적은 측), 강제보험, 조건부계약체결, 평판, 표준화(프랜차이즈)

① 상품시장 : 보증, 광고, 평판
② 금융시장 : 신용할당
③ 노동시장 : 교육은 신호역할
④ 보험시장 : 신체검사, 강제보험(국민연금, 건강보험), 탄력 보험제, 차별화된 보험상품

3. 도덕적 해이

(1) 개념
상대방의 행동을 관찰하기 어려운 경우, 바람직하지 않은 행동을 하는 현상

(2) 발생원인
유인구조 불일치(본인-대리인 문제), 감추어진 행동

(3) 해결책
적절한 유인 구조(incentive design) : 기초공제, 공동부담

참고 **본인-대리인 문제**

주주와 CEO, 국민과 정치인, 지주와 소작농, 의뢰인과 변호사, 가수와 매니저 등

거시경제학

065 GDP개념과 국민소득 측정

1. GDP

(1) 개념

① 일정기간 동안 → 유량, 1년

② 한 나라 국경안에서 → 속지주의 개념

③ 생산된 → 그 해 생산된 것만 (중고차, 골동품 제외)

④ 최종생산물 → 이중계산 방지

⑤ 시장가치 → 시장에서 거래된 것만

(2) GDP 디플레이터 (명목 GDP/실질 GDP)×100

(3) GDP 갭 잠재적 GDP − 실제 GDP

(4) 3면 등가의 법칙 생산, 분배, 지출측면

국민소득 순환모형

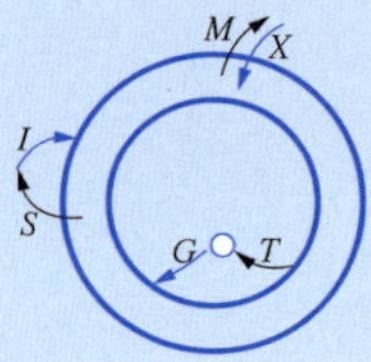

(5) GNI

① 소득의 구매력(생활수준) → GDP는 교역조건 변화로 인한 실질소득의 변화를 반영하지 못하는 문제점을 지님

② $GNI = GDP$ + 교역조건 변화로 인한 실질무역손익 + (국외수취요소소득 − 국외지급요소소득)

(6) 한계

① 후생측면 간과 : 여가, 공해, 품질, 지하경제

② 측정상 문제 : 주부가사노동 포함 ×

참고 GDP에 포함 안 되는 항목

GDP에 포함되는 것	포함되지 않는 것
▪ 농부가 자가 소비를 위해 생산한 쌀 ▪ 자기집 칠하기 위해 구입한 페인트 ▪ 연말까지 팔리지 않은 중간재(재고) ▪ 파출부의 임금 ▪ 최루탄 생산 ▪ 기존 주택 중 올해 창출된 주거서비스가치 ▪ 비디오가게에서 빌린 DVD값 ▪ 북한에 보내기 위해 올해 생산된 비료 ▪ 의사의 진료행위 ▪ 일본기업이 국내 기업에게 구입한 부품 ▪ 홍수 피해를 복구하는데 투입된 비용 ▪ 정부의 차세대 무기 구입	▪ 목수가 집을 짓기 위해 구입한 목재 (개인이 자신이 사용할 목적으로 DIY) ▪ 국공채 이자 ▪ 주식가격상승에 따른 매매차익 ▪ 로또 당첨금 ▪ 아파트 매매차익 ▪ 종교단체에 낸 헌금 ▪ 정부지급 생계보조비 ▪ 살던 집 판돈 5억원 ▪ 작년에 생산되어 재고로 보유되었다가 올해 판매된 재화의 가치 ▪ 주부의 가사노동 ▪ 기존주택 거래량

2. 저축과 투자

(1) 저축

① 소득 중에서 소비되지 않고 남은 부분 ② 민간저축(=$Y-C$), 정부저축(=$T-G$)

(2) 투자

① 신규로 생산된 자본재 구입 금액 ② 기업설비, 자본재 구입, 신축주택, 재고변화

(3) 저축과 투자의 항등관계

$$Y=C+I+G+(X-M)$$

$$Y-C-G=I+(X-M)$$

$$S_N=I+(X-M)$$

066 고전학파 모형

1. 고전학파 이론

모형가정	평가
① Say's Law(공급중시) ② 가격변수 신축성(완전경쟁시장) ③ 완전예견 ④ $L^S\left(\frac{W}{P}\right)=L^D\left(\frac{W}{P}\right)$ ⑤ 화폐 수량설 : $MV=PY$	① 저축은 미덕 : 자본설비 증대와 투자 ② 화폐의 중립성 ③ 고전적 이분성 ④ 비자발적 실업 존재 × ⑤ 장기균형국민소득은 공급측면 요인(자본량, 인구, 기술)에 의해 서만 영향을 미침

2. 고전학파 균형국민소득 결정

(1) 단기

① 물가 상승을 즉각 명목임금 상승으로 연결→실질임금 불변→고용량 불변→Y_N불변

② AS 곡선은 잠재 GDP에서 수직

(2) 장기

① 생산함수 상방이동 요인 : 기술진보↑, K↑

② 노동 공급곡선 우측이동 : 인구↑, 여가선호↓

→ Y↑ (AS 우측이동)

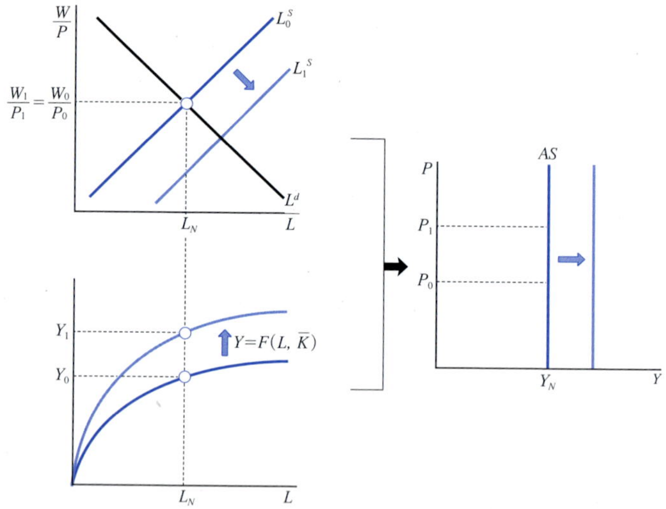

067 케인즈의 CROSS모형

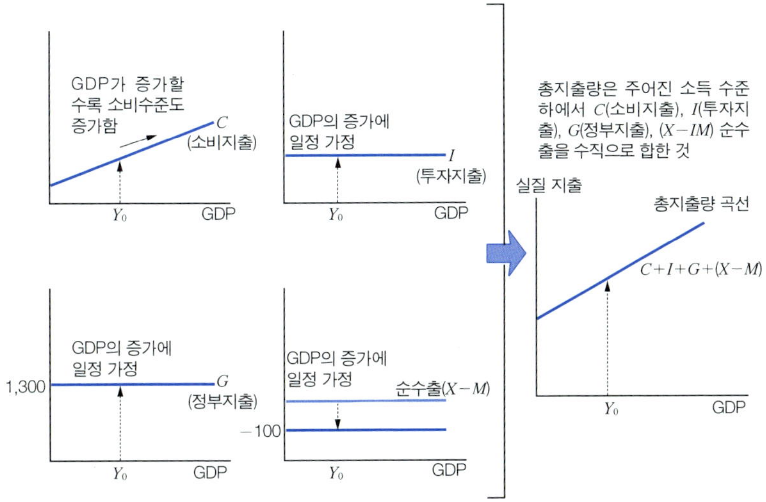

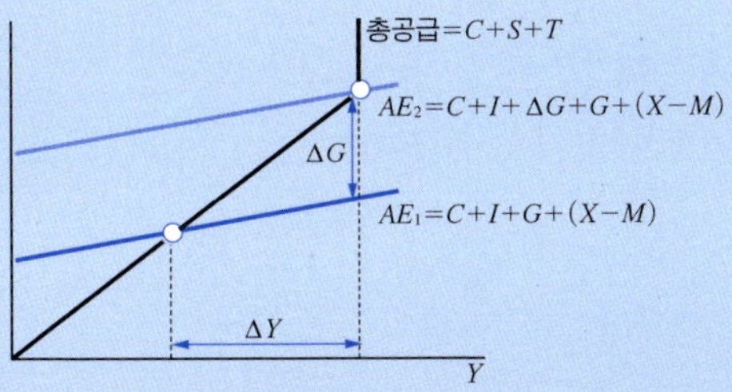

$$m = \frac{1}{1-MPC} = \frac{\Delta Y}{\Delta G}$$

068 절약의 역설과 인플레이션 갭

1. 절약의 역설

(1) 개념

① 절약(저축)은 개인차원에서는 미덕이나 경제전체적인 측면에서는 부정적 결과 야기

② 구성의 오류의 한 예

(2) 의미

① 저축이 투자기회를 찾지 못해서, 저축증가가 투자로 연결이 되지 않은 경우

② 선진국에 국한해서 타당(모든 국가에서 성립 ×)

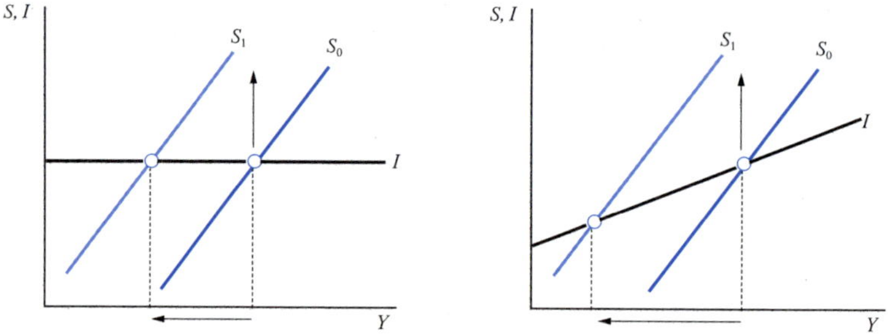

※ 유발투자가 있는 경우, 절약의 역설 효과가 크게 나타남

2. 인플레이션 갭과 디플레이션 갭

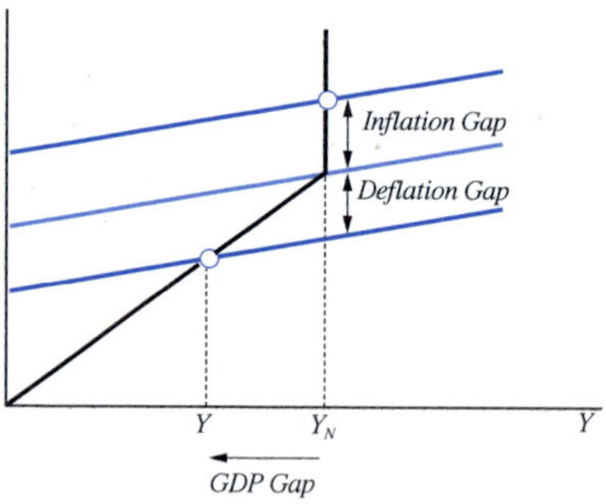

069 승수이론

1. 승수 개념

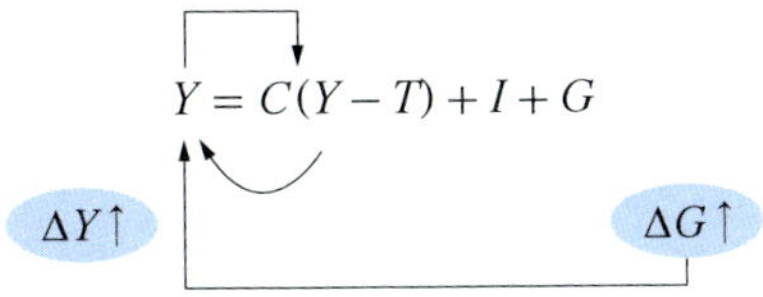

$\Delta G \uparrow \rightarrow \Delta Y \uparrow \rightarrow \Delta C \uparrow \rightarrow \Delta Y \Uparrow$

$m(\text{승수}) = \dfrac{\Delta Y}{\Delta G} = \dfrac{1}{1 - MPC}$

2. 여러 가지 승수

$$\text{승수} = \frac{-c}{1 - c(1-t) + m - i}$$

$$\frac{\Delta Y}{\Delta G} = \frac{\Delta Y}{\Delta I} = \frac{1}{1 - c(1-t) + m - i}$$

$$\frac{\Delta Y}{\Delta T} = \frac{-c}{1 - c(1-t) + m - i}$$

3. 균형재정 승수

① 정부지출(G)과 조세(T)가 동일한 크기로 증가시 재정은 균형($G-T=0$)이지만 $\Delta Y = \Delta G$ 만큼 증가

② $\dfrac{\Delta Y}{\Delta G} + \dfrac{\Delta Y}{\Delta T} = \dfrac{1}{1-c} + \dfrac{-c}{1-c} = 1$

③ 비례세의 경우는 1보다 작음 ($\because \dfrac{\Delta Y}{\Delta T} = \dfrac{-c}{1 - c(1-t)}$)

4. 한계

① 한계소비성향이 안정적이어야 함

② 공급측면에서 뒷받침의 문제가 없어야 함

070 절대소득가설과 쿠즈네츠 검증

1. 절대 소득가설

① $C = \alpha + \beta Y$ ($\rightarrow \beta = \frac{\Delta C}{\Delta Y} = MPC$)

② $0 < MPC < 1$

③ 일시적인 조세정책은 효과적

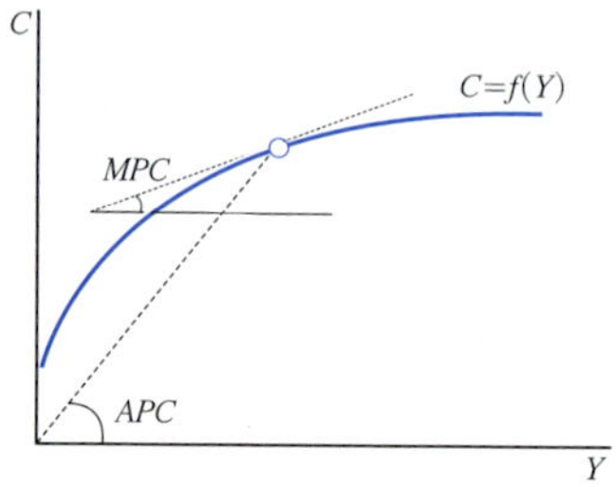

2. 쿠즈네츠 실증분석

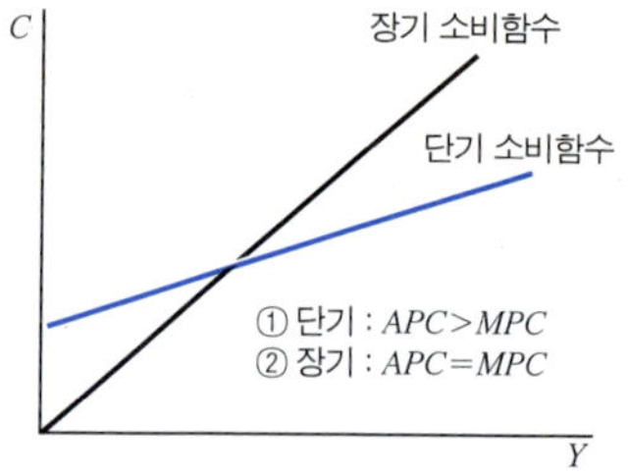

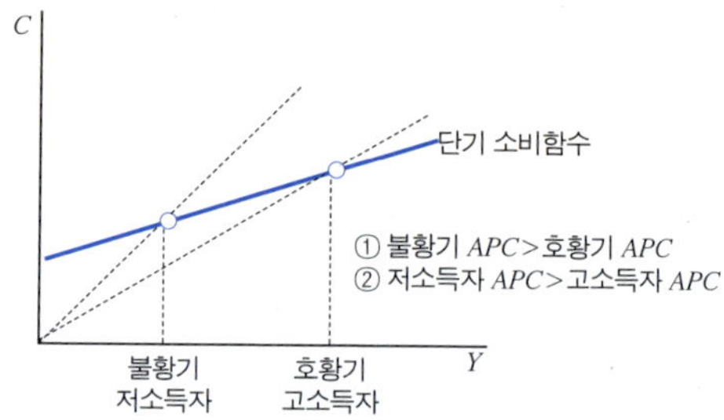

※ 케인즈의 절대소득가설은 단기는 설명하지만, 장기는 설명하지 못함

071 상대소득가설

1. 상대소득가설 개념

① 소비의 상호의존성 : 다른 사람의 소비형태와 자신의 과거 소비습관에 의해서 영향을 받음
② 단기 소비함수는 $APC>MPC$, 장기소비함수는 $APC=MPC$

2. 소비함수의 비대칭성

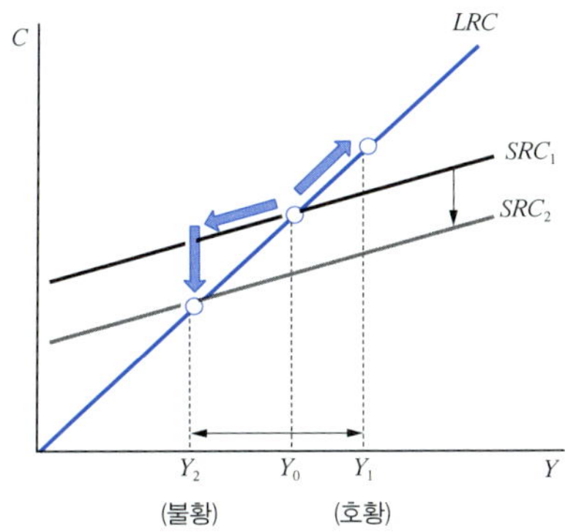

① 전시 효과 : 다른 사람의 소비에 영향 받음
② 톱니 효과 : 소비의 비가역성

072 항상소득가설과 생애주기가설

1. 항상소득가설 : M. Friedman

개념	정책 시사점
① 전 생애에 걸친 효용극대화 관점 ② 항상소득(permanent income)은 현재 및 과거 소득의 가중평균 (적응적 기대) ③ 임시소득(transitory income)은 일시적인 예측 불가능한 소득(장기적으로 평균 0)	케인즈의 (단기적 재정정책인 일시적인 세율 인하)은 임시소득에만 영향을 미쳐 효과 무력 ⇨ ∴ 영구적인 세율인하가 효과적

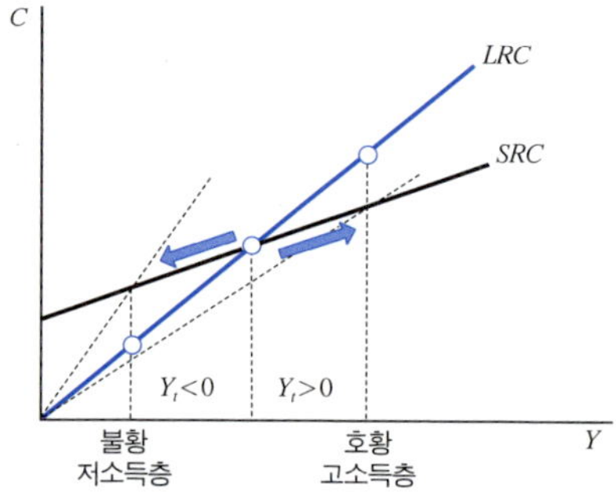

	불황	호황
단기	$APC > MPC$	$APC > MPC$
장기	$APC = MPC$	$APC = MPC$

2. 생애주기 가설

개념과 의의	내용
① 나이에 따라서 소득, 소비 흐름이 다름 ② 소비는 매우 안정적인 추세 ③ 자산을 포함 ④ 단기적인 정책은 그 효과가 미미 ⑤ 기대수명 상승은 노년기 대비로 저축률 상승	① 단기 $C = \alpha W + \beta Y$ $(\Rightarrow APC = \alpha\left(\frac{W}{Y}\right) + \beta$ ② 장기 : W가 Y와 유사해짐 $C=(\alpha+\beta)Y$

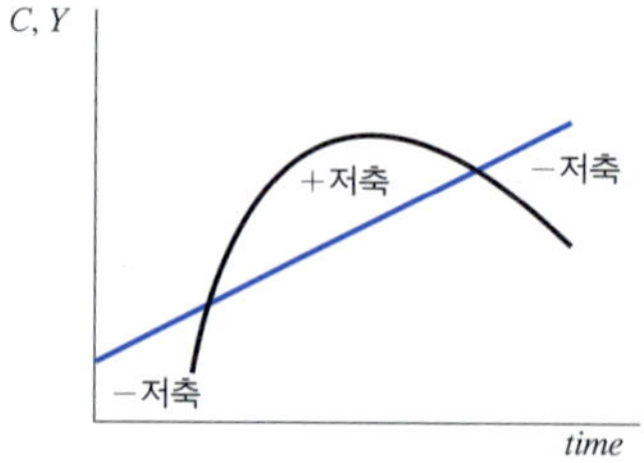

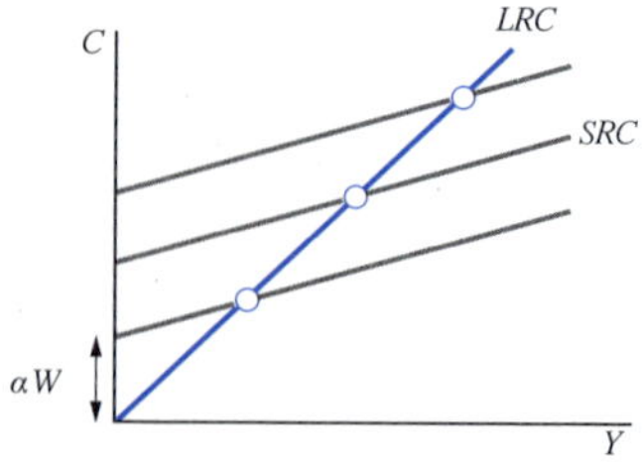

073 피셔의 2기간 모형과 차입제약

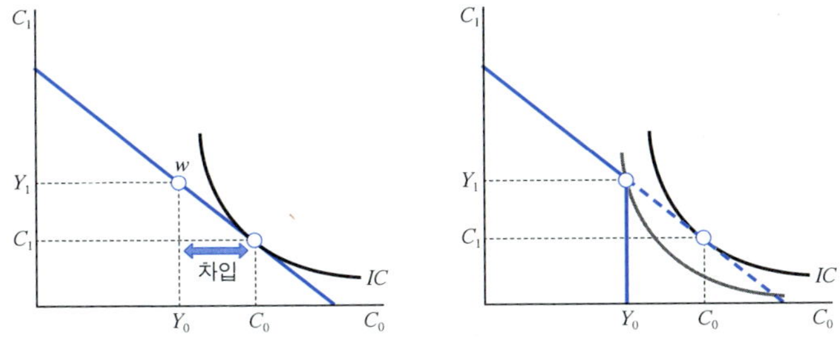

① 차입제약(=유동성 제약)

: 담보제공 어렵거나, 신용도가 낮은 개인의 차입 어려움

② 차입제약시 현재소득에 민감 : 현재 소득 증가시 즉각 소비로 연결되어 현재 소득에 보다 민감 (케인즈의 절대 소득가설이 타당)

참고 Random Walk 가설

① 항상소득 가설 + **합리적 기대 도입**

② 이용가능한 모든 정보 활용해 항상소득 예상

⇨ ∴ 예상된 정책은 무용

$C_t = C_{t-1} + \varepsilon_t$

③ 미래의 소비를 예측하기 위해서는 전기의 소비만 알면됨

(미래 소비의 최적 예측치는 현재 소비)

074 신고전파 투자결정이론

1. 개념

① 조르겐슨(Jorgenson)

② 기업의 이윤극대화 관점에서 투자 설명 → 적정 자본량

$$MP_K \cdot P = (r + d)P_K$$

2. 자본의 사용자 비용(user cost of capital)

자본재를 일정기간 사용시 비용

$$uc = (R + d - \pi)P_K = (r + d)P_K$$

① $r\downarrow, d\downarrow \Rightarrow uc\downarrow \Rightarrow I\uparrow$

② $\pi\uparrow \Rightarrow uc\downarrow \Rightarrow I\uparrow$

참고 조세정책과 소비와 투자

① 조세정책과 소비 : **영구적인** 세율인하 → 항상소득에 영향 → 소비가 크게 증가
② 조세정책과 투자 : **일시적인** 투자 세율공제 → 빨리 투자해야 세액공제 혜택 → 투자 크게 증가

현재 가치법	내부수익률법
▪ $NPV = \sum_{i=1}^{n} \frac{R_i - C_i}{(1+r)^i}$, $NPV > 0$: 투자 ▪ $r\uparrow \Rightarrow PV\downarrow \Rightarrow I\downarrow$: $\therefore I = I(r)$ ▪ 투자는 이자율에 감소함수로 이자율에 민감 (객관적)	▪ $NPV = \sum_{i=1}^{n} \frac{R_i - C_i}{(1+m)^i} = 0$로 만드는 할인율 ▪ m은 기업가의 예상수익의 크기에 의존 ▪ $m > r \Rightarrow$ 투자 ▪ $r\uparrow \Rightarrow m < r$이 되면, $I\downarrow$: $\therefore I = I(r)$ ▪ 이자율 보다는 기업가의 animal spirit이 중요(주관적)

075 가속도 원리와 q이론

1. 가속도 원리

(1) 개념

① Y(GDP)의 변화(ΔY)가 투자에 미치는 영향

② 현실에서 소득변화율보다 투자 변화율이 큰 현상 설명

$$I_t = K_t - K_{t-1} = vY_t - vY_{t-1} = v(Y_t - Y_{t-1}) = v \Delta Y$$

(2) 신축적 가속도 원리(자본스톡 조정 모형)

실제 자본량(K_{t-1})과 목표 자본량(K_t^*)의 갭이 서서히 시차를 두고 조정됨

$$I_t = K_t - K_{t-1} = \lambda(K_t^* - K_{t-1})$$

(λ: 자본량 조정 속도, $0<\lambda<1$)

※ 목표생산량↑, 이자율↓, 자본재 가격↓ ⇨ K_t^*↑ ⇨ I↑

2. 토빈의 이론

$$q = \frac{\text{주식시장에서 평가된 기업의 시장가치}}{\text{기업의 실물자본 대체비용}} > 1 \quad \text{투자 증가}$$

① 기업의 가치, (효율적인)주식시장에 연관 ⇨ 미래 지향적 투자이론

② q에는 포괄적인 정보 포함 : 자본시장과 실물시장 연결

예 미래 법인세율 인하 예상 ⇨ 기업의 기대 수익 증가, (현시점) 주가상승 ⇨ q↑ ⇨ I↑

참고 불확실성과 투자

- 설비투자 — 투자옵션 모형
  - ① 딕싯
  - ② 불확실성 증가로 설비투자 감소
- 재고투자
  - 프로덕션스무딩
    - ① 생산량 일정하게 유지
    - ② 경기팽창기에 재고투자 감소
      경기 수축기에 재고 투자 증가
  - 재고소진기피모형
    - ① 수요증가에 따른 재고 소진 우려
    - ② 불확실성이 증가시 재고 투자 증가

076 통화량과 통화지표

1. 통화량

(1) 개념

① 일정시점(저량)에서 시중에 유통되는 화폐의 양

② 신용카드는 지급 연기 수단 → 통화지표에 포함 ×
　but, 화폐보유를 줄이기에 화폐수요는 감소

③ 은행이 보유한 현금(시재금)은 현금통화에 포함 ×
　but, 화폐 발행액에는 포함

④ 예금통화는 고객이 은행에 예금한 돈으로 고객에게는 자산이나, 은행에게는 부채

(2) 통화량 변화

통화량=현금통화+예금통화($M=C+D$)

① A가 지갑속의 100원을 은행에 예금
　→ A의 행동은 현금통화 −100, 예금통화 +100으로 통화량 불변

② B는 은행에서 300원을 대출받음
　→ B의 행동은 현금통화 +300 증가해 통화량 300 증가

2. 통화지표

M_1(협의의 통화) = 현금통화(민간보유현금)
　　+ 요구불예금(당좌, 보통)
　　+ 수시입출금식 저축성 예금(MMDA, MMF)

참고 M_1에 속하는 것

- *MMDA*(Money Market Deposit Account : 시장금리부 **수시입출금식** 예금
- *MMF*(Money Market Fund) : **단기** 금융펀드

077 본원통화

1. 본원통화

(1) 개념

① 중앙은행 창구를 통해 시중에 나온 현금
② 중앙은행의 통화성 부채
③ 고성능 화폐(high-powered money)

(2) 구성요소

<table>
<tr><td colspan="3">본원통화</td></tr>
<tr><td>현금통화</td><td colspan="2">지준금</td></tr>
<tr><td>현금통화</td><td>시재금</td><td>지준 예치금</td></tr>
<tr><td colspan="2">화폐 발행액</td><td>지준 예치금</td></tr>
</table>

(3) 본원통화 증가 원인

① 정부의 재정 수지 적자
② 예금은행의 차입 증가
③ 국제수지 흑자, 차관도입
④ 중앙은행의 유가증권 구입, 건물 구입

078 통화승수와 신용승수

1. 통화승수(m)

$$m = \frac{M}{H}$$

① 현금-통화비율 ($c = \frac{C}{M}$)가 주어진 경우 → $m = \frac{1}{c + z(1-c)}$

② 현금-예금비율 ($k = \frac{C}{D}$)가 주어진 경우 → $m = \frac{k+1}{k+z}$

- $c\downarrow,\ z\downarrow \Rightarrow m\uparrow$
- $c = 0,\ z_e = 0$이면, 은행 밖으로 현금누출이 없고, 초과지급준비금이 없으면 $m = \frac{1}{z_l}$

참고 M^S이 r의 증가함수(내생성)

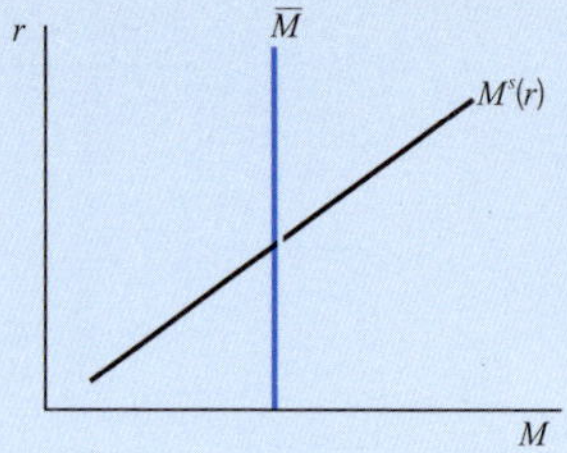

$r\uparrow \Rightarrow c\downarrow,\ z\downarrow \Rightarrow m\uparrow \Rightarrow M^S\uparrow$
LM이 평평 → 금융정책 유효성 감소

2. 신용창조

① 예금과 대출이 반복되어 통화량이 처음에는 은행으로 유입된 본원적 예금보다 크게 증가
⇨ 본원적 예금(외부에서 처음 은행으로 들어온 예금), 파생적 예금(신용창조 과정으로 생긴 예금)

② 신용창조가 이루어지면, 경제 전체의 유동성은 증가하나 경제 전체의 부(wealth)가 증가하는 것은 아님
(∵대출과정에서 부채도 증가)

- 총예금 창조액(=신용승수)$= \frac{1}{z}$
- 순예금창조액 $= \frac{1-z}{z}$

예 1,000원(H)의 본원적 예금이 유입시, 법정 지급준비율(z)이 0.2일 때,

총예금창조액 $= 1{,}000 + \boxed{800 + 640 + \cdots} = \left(\frac{1}{0.2}\right) \times H$

(순예금창조액 $= \left(\frac{1-0.2}{0.2}\right) \times H$

079 금융정책

1. 일반적 정책수단(간접적)

(1) 공개시장조작

국공채 매입·매각

(2) 재할인율

예금은행이 중앙은행에서 차입시 적용받는 이자율
(예금은행의 유동성이 부족해야 → 중앙은행에 자금의존도가 높아져 효과적)

(3) 지급준비율 정책

법정지급준비율 변화

- 국공채 매입
- 재할인율 인하
- 지급준비율 인하

→ M^S ↑

2. 선별적 규제수단

대출한도제한, 이자율 규제, 창구규제, 도의적 설득

3. 물가안정 목표제

① 인플레이션 목표를 직접 통제 : 통화량, 금리, 환율, 자산가격 등 다양한 정보변수 활용
② 금융 기관 간 초단기 자금 거래인 콜금리를 조정
③ 소비자 물가상승률을 물가안정의 목표
※ 근원인플레이션은 예상치 못한 일시적 외부충격(석유파동, 이상기후, 제도 변화 등)에 의한 물가 변동분을 제거하고 난 후의 물가상승률 의미

참고 기준금리 인하 효과

기준금리 인하 →
- 이자율 하락 → 투자 증가
- 주가상승 → 토빈q ↑ → 투자 증가, 소비 증가(부의 효과)
- 부동산가격 상승 → 주택투자 증가, 소비 증가(부의 효과)
- 환율 상승 → 순수출 증가
- 자산가격상승 → 소비 증가

① 기준금리 인하 → 주택구입시 대출 이자 비용 인하 → 주택 수요 증가
② 기준금리 인하 → 채권 수익률 인하(장기금리) → 채권 수요 < 주식수요 → 주가상승

080 화폐수량설의 진화

1. 화폐수량설

(1) 교환방정식(고전적 화폐수량설)

$MV=PY$

① 항등식

② $\overline{V}$, $\overline{Y}$ 가정하에서 M과 P는 정비례

③ 본래 화폐수요를 설명하는 이론은 아님(암묵적)

but, $M=\left(\frac{1}{V}\right)PY$로 명목소득의 일정비율$\left(\frac{1}{V}\right)$의 화폐가 필요

④ 화폐의 교환매개 기능(유량측면)

참고 EC 방정식

$$\frac{\Delta M}{M}+\frac{\Delta V}{V}=\frac{\Delta P}{P}+\frac{\Delta Y}{Y}$$

(2) 현금잔고 수량설(마샬의 k)

$M^d=kPY$

① 화폐보유 이유는 수입의 획득 시점과 지불시점이 불일치
: 명목소득의 일정비율(k)만큼 화폐 보유(명시적)

② 화폐수요의 가치저장 수단 기능 강조(저량 측면)

③ (화폐수요의) 실질 소득 탄력성과 물가탄력성 모두 1

2. 신화폐 수량설 : M. Friedman

화폐를 효용을 주는 자산으로 파악(단순 거래 수단 이상)

① 자산선택의 결과

$$\frac{M^d}{P}=f(w,h,r_e,r_b,\pi^e,u)=k(r,\pi^e,u)=k(r,\pi^e)\cdot Y_p=\frac{1}{V(r,\pi^e)}\cdot Y_p$$

■ + 요인 : w(개인 부), h(인적자산 비율),

■ − 요인 : r_e(주식수익률), r_b(채권 수익률), π^e(예상 인플레이션율)

※ 비인적 자산과 달리 인적자산(h)은 화폐로 전환하기 어려워 h↑이면, 유동성 확보를 위해 화폐 수요 증가

② 유통속도가 r, π^e의 영향을 받음

→ but, 미미(화폐수요의 이자율 탄력성이 상대적으로 낮음)

→ ∴화폐수요가 안정적 (LM급경사 = 금융정책 효과 大)

	화폐수량설	현금잔고수량설	신화폐수량설	유동성선호설
화폐수요함수	$MV=PY$	$M=kPY$	$\frac{M^d}{P}=k(r,\pi^e)Y_P$	$\frac{M_d}{P}=l_t(Y)+l_s(r)$
화폐수요 결정요인	명목 국민소득		Y_P가장 중요(r도 일부영향)	r이 가장 중요
화폐의 유통 속도	일정		V는 매우 안정적 M^S는 단기에 PY에 매우 큰 영향(but, 장기는 P만 상승)	V가 불안정해 M^S는 Y에 불규칙적 영향
화폐수요함수 안정	매우 안정적			불안정
이자율 결정	대부자금설			유동성 선호설

081 투기적 화폐수요와 유동성 함정

1. 케인즈의 화폐 수요 이론

(1) 케인즈의 화폐수요

$$\frac{M^d}{P} = l_t(Y) + l_s(r)$$

① 거래적·예비적 동기 화폐수요 → Y에 비례

② 투기적 동기 화폐수요 → r에 반비례

※ 채권과 화폐 2가지 중에서 전부(all) or nothing으로 선택
(→수익률에 의존한 위험 중립자 성향)

(2) 정상이자율과 화폐수요

① 정상이자율 : 현재이자율 < 정상이자율

⇨ 이자율 상승이 예상(P_B↓ 예상) ⇨ B^d↓, M^D↑

② 채권의 예상 수익률($r+g$) > 화폐 수익률

⇨ all 채권 구입 (= 투기적 화폐수요 0)
(r : 이자율, g : 자본이득률=채권가격 변동으로 인한 수익률)

③ 이자율(r)↓ ⇨ P_B↑(언제 하락할지 두려움)

⇨ 화폐수요 증가 ⇨ 우하향 화폐수요곡선

2. 유동성 함정

① 경기침체 상황

참고 유동성 선호설

케인즈는 이자율은 $M^S=M^D$에서 결정되는, 유동성을 희생한 대가란 의미로 파악
※ 고전학파의 대부자금설은 실질이자율이 실물변수인 S, I에 의해 결정 → 통화량 변화가 r에 아무 영향이 ×

② 이자율이 너무 낮아 이자율 상승(채권가격하락)을 예상

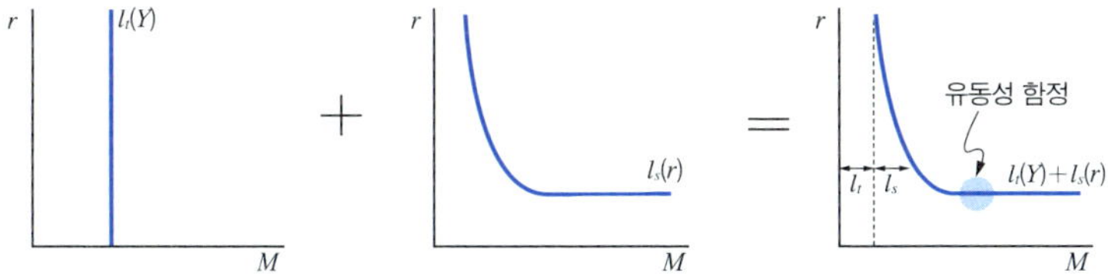

③ 화폐수요 곡선이 수평인 구간 (= 화폐수요의 이자율 탄력성이 ∞ 구간)

⇨ 화폐공급 증가해도 모두 화폐수요로 흡수되어 이자율은 변화하지 않음

082 재고자산이론과 자산선택이론

1. 보몰의 재고자산이론

(1) 의의

① 화폐보유 비용 고려 (⇨ 화폐를 재고로 간주)

② 거래적 동기의 화폐수요에는 소득뿐만 아니라 이자율도 영향을 미침

$$\frac{M^d}{P} = \sqrt{\frac{bY}{2r}} \quad (b\text{: 거래비용})$$

- $r \uparrow \rightarrow$ 기회비용 증가 $\rightarrow M^d \downarrow$
- $Y \uparrow \rightarrow M^d \uparrow$
- $b \uparrow \rightarrow M^d \uparrow$
  - 화폐수요의 규모의 경제 작용
  - 소득분배가 균등해지면 화폐 수요 증가

$\overline{Y} = Y_A + Y_B$

$A(Y_A, Y_B) = (100, 0) \rightarrow M^d = \sqrt{100} = 10$

$B(Y_A, Y_B) = (50, 50) \rightarrow M^d = \sqrt{50} + \sqrt{50} = 14.1$

(2) 화폐보유 비용

① 기회비용 :

화폐 보유에 따른 이자손실 ⇨ $\frac{M}{2} \times r$

② 거래비용

(1회 교환시 거래 횟수)×거래비용 ⇨ $\frac{Y}{M} \times b$

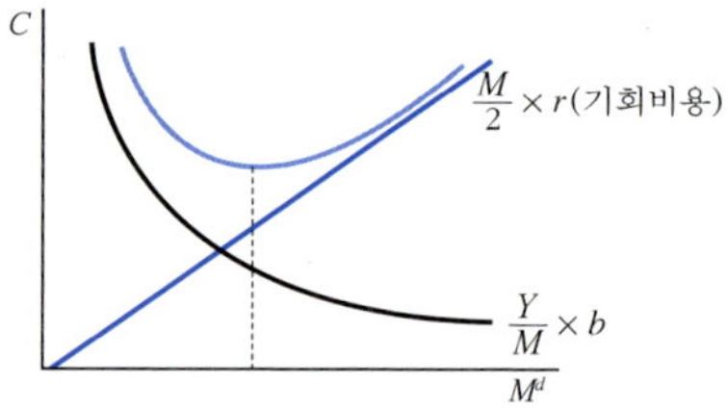

2. 토빈의 자산선택이론

(1) 의의

효용극대화 추구하는 위험기피자들이 포트폴리오 구성(화폐와 채권)

(2) 내용 : 이자율 상승시

① 대체효과 : $r \uparrow$ ⇨ $M_d \downarrow$

② 소득효과 : $r \uparrow$ ⇨ $M_d \uparrow$

∴ 대체효과 > 소득효과 ⇨ (투기적) 화폐수요는 이자율 감소함수

- 화폐의 범위를 확장해 저축성 예금, 정기예금, 양도성 예금증서, 금전신탁 등 포함 (M_1에도 MMDA와 MMF 포함) → 광의의 화폐 개념을 분석하는데 유리
- $\frac{M_d}{P} = f(r, \sigma, \pi^e, W)$

① r(채권과 주식의 실질 기대수익률)로 상승하면, 투자가치 증대해 화폐수요 감소

② σ(채권과 주식의 위험도)로 상승하면 채권과 주식 수요 감소해 화폐수요 증가

③ π^e(예상 인플레이션율)로 상승하면, 화폐의 실질가치 감소로 화폐수요 감소

④ W(실질 부)의 증가는 화폐수요 증가

083 IS곡선

1. 개념과 도출과정

$$Y=C+I(r)+G+(X-M)$$

⇨ IS곡선은 생산물의 균형을 (Y, r)의 평면에 나타낸 것

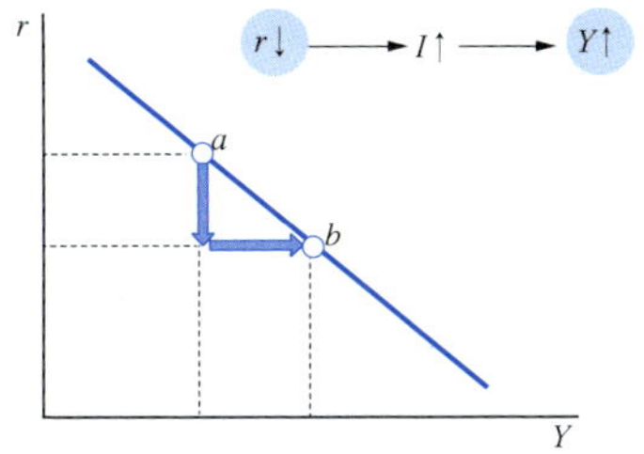

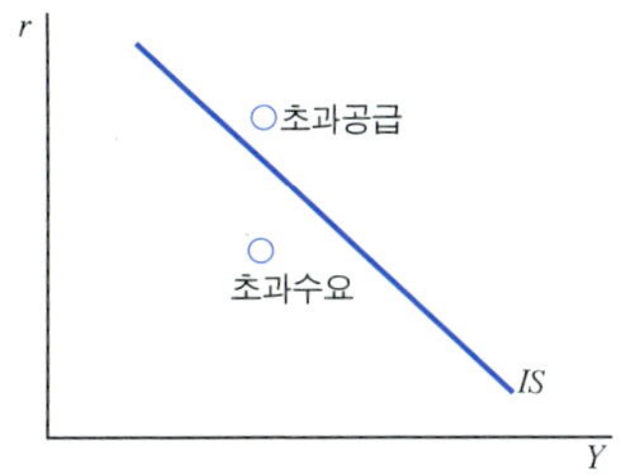

2. IS 곡선의 이동

$$Y=I(r)+C+G+(X-M)$$

3. IS 곡선의 기울기 ⇨ 투자의 이자율 탄력성

① (투자의) 이자율 탄력성 大 : (IS 완만한 기울기 → 재정정책 효과×)

② (투자의) 이자율 탄력성 小 : (IS 가파른 기울기 → 재정정책 효과적)

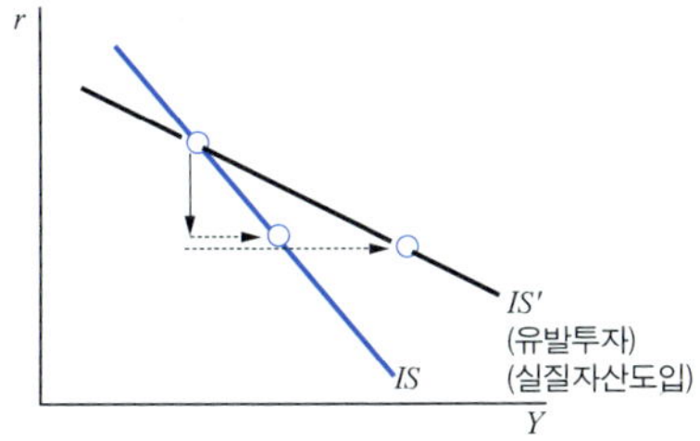

① 케인즈는 투자의 이자율 탄력성이 0 ⇨ IS 수직(투자함정)

② 유발투자와 IS 기울기

③ 실질자산 도입시

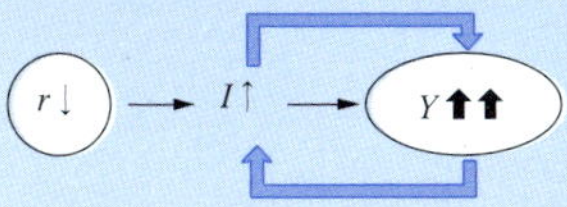

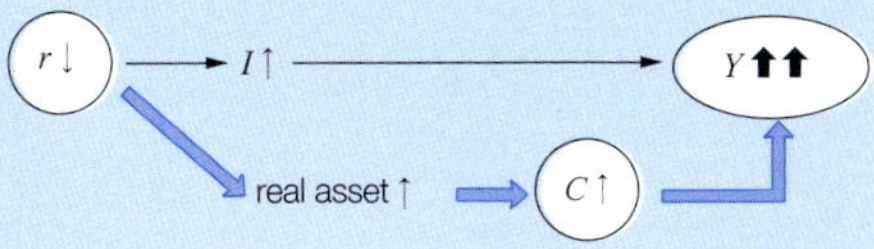

084 LM곡선

1. 개념과 도출과정

$$\frac{M}{P} = l_t(Y) + l_s(r)$$

화폐시장의 균형을 (Y, r) 평면에 나타낸 곡선

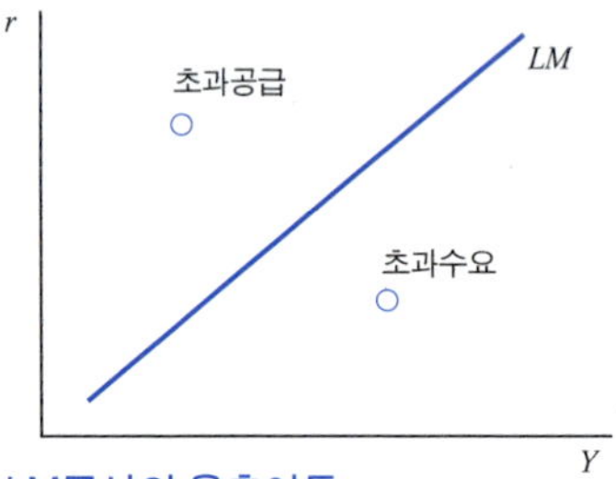

$r\downarrow$ ⟶ $l_s\uparrow$ ⟶ $(l_t\downarrow)$ ⟶ $Y\downarrow$

2. LM곡선의 우측이동

① $M\uparrow$
② $P\downarrow$
③ 거래적 동기화폐수요 ↓

3. LM곡선의 기울기 : (화폐수요의) 이자율 탄력성

① 大 : $r\uparrow \rightarrow l_s$ ⬇ → …… → Y⬆ → LM완만 (금융정책 효과 X)
② 小 : $r\uparrow \rightarrow l_s\downarrow$ → …… → $Y\uparrow$ → LM가파름 → 금융정책 효과 o

참고

① M^S 이 이자율의 증가함수 : $M^S(r)$

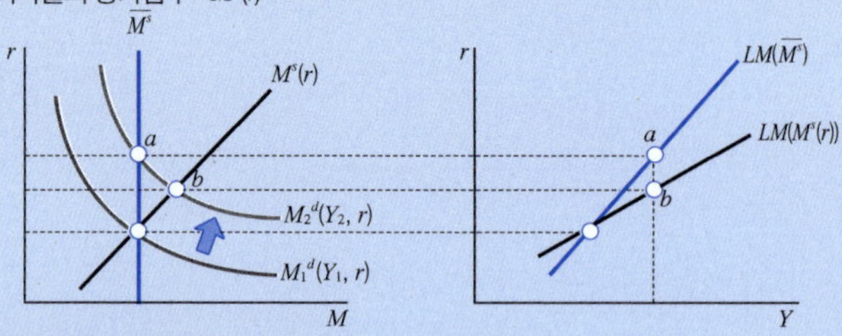

② 유동성 함정 : K학파의 견해 → LM 수평
③ 고전학파 : 거래적 화폐수요만 강조 (투기적 화폐수요 무시)
→ 화폐수요이자율 탄력성 = 0 ⇨ ∴ LM 수직

085 재정정책과 리카도 등가정리

1. 재정정책

(1) 개념

① ΔG, ΔT 변화 ⇨ IS 곡선에 영향

② 순수한 재정정책 : $G = \Delta B + \Delta T + \Delta M$에서 ΔM을 제외

(2) 재정정책 효과

① 재정정책이 효과적인 경우

- IS 수직, LM 수평
- 투자의 이자율 탄력성이 작을수록, 화폐수요의 이자율 탄력성이 클수록

② 구축효과(古) : $Y = C + I + G$

$G\uparrow \rightarrow Y\Uparrow \rightarrow (M^d\uparrow \rightarrow r\uparrow) \rightarrow I\downarrow \rightarrow Y\downarrow$

③ 구입효과(K) :

$G\uparrow \rightarrow Y\uparrow \rightarrow$ (가속도 원리) $\rightarrow I\uparrow \rightarrow Y\Uparrow$

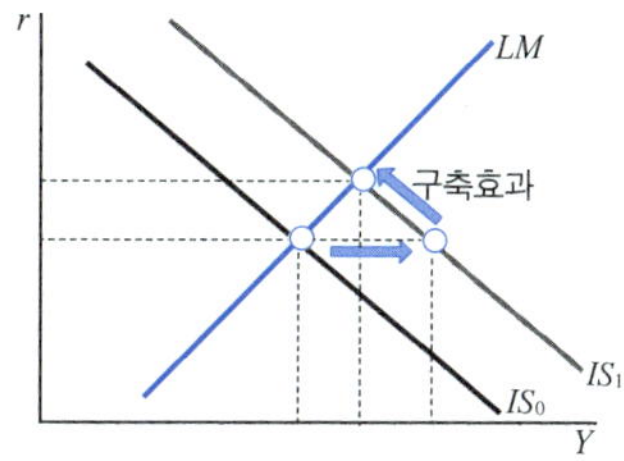

2. 리카도 등가정리 : 공채 중립성 정리

(1) 개념

$\overline{G} \rightarrow T\downarrow, B\uparrow \rightarrow \overline{Y}$ (아무 영향 ×)

∴ 재원조달 방식의 변경은 민간 부문의 경제활동에 아무런 영향을 미치지 못함

(2) 내용

합리적인 주체들은 $\Delta T\downarrow$, $\Delta B\uparrow$를 미래 조세증가로 인식

⇨ 국채를 자산이 아닌 부채(미래조세)로 인식

$\overline{G} \rightarrow T\downarrow, G\uparrow \rightarrow \overline{Y}$ (아무 영향 ×)

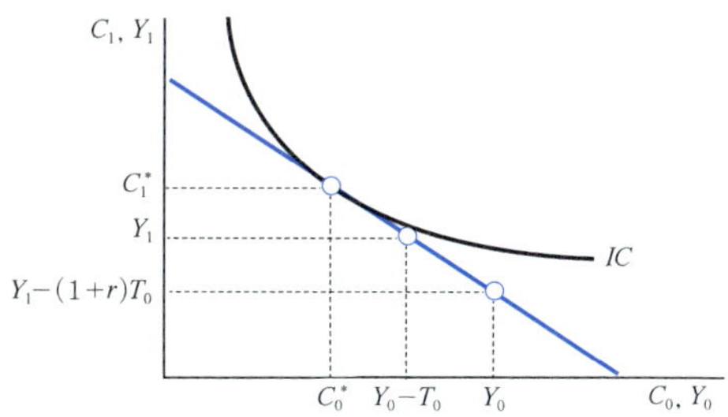

참고 | 자동안정화장치

① 누진세 제도
② 사회보험(각종 사회보장제도)

(3) 현실적용

① 유동성 제약(차입제약) ⇨ 가처분소득 ↑ → 소비 ↑ 영향 → 현재소비 ↑

② 근시안적 의사결정

③ 인구증가율 ↑ ⇨ 미래세대 부담 ↓

086 금융정책 파급경로

1. 개념

$M^S \uparrow \rightarrow LM$우측$\rightarrow Y \uparrow$

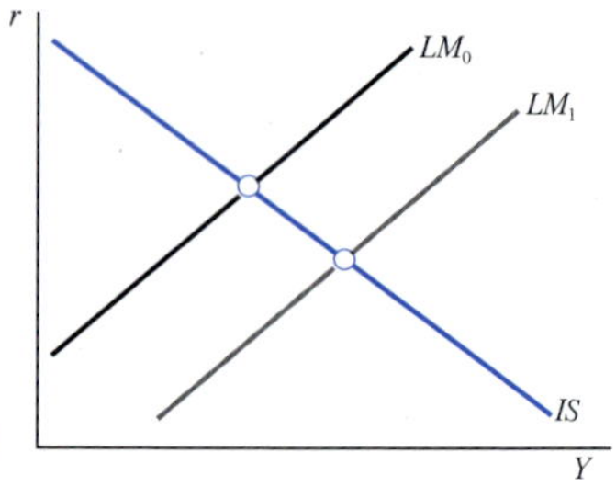

(1) 공개시장 조작
① B매입 $\rightarrow M^S \uparrow$ ② 빈번 사용

(2) 재할인율
① 재할인율 $\downarrow \rightarrow M^S \uparrow$
② 예금은행의 중앙은행 자금의존도 높아야 효과적

(3) 지급 준비율 정책
① 지준율 $\downarrow \rightarrow M^S \uparrow$ ② 본원통화량 불변

2. 금융정책의 효과

(1) 금융정책의 유효성이 상대적으로 큰 경우
① IS곡선이 수평 ② LM곡선이 수직인 경우

(2) 유동성 함정과 피구효과

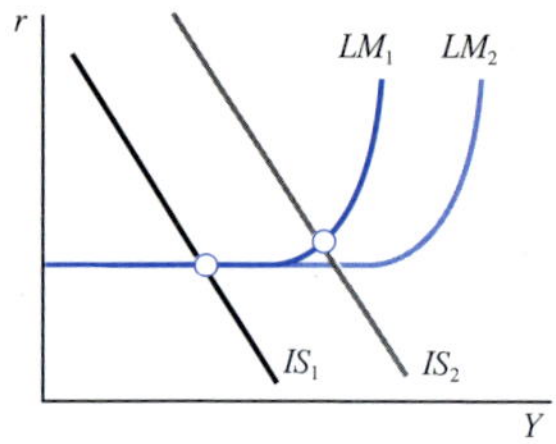

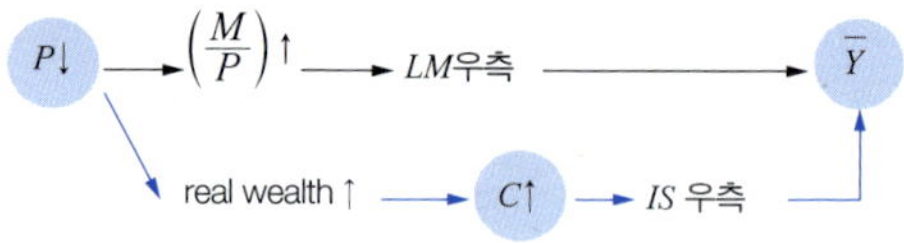

3. 금융정책 파급 경로(transimission mechanism)

(1) 이자율(금리) 경로 : $M^S \uparrow \rightarrow r \downarrow \rightarrow C \uparrow \ I \uparrow$

(2) 자산 가격 경로 : 토빈q 부의 효과(wealth effect), 부동산 가격 변화
① $M^S \uparrow \rightarrow r \downarrow \rightarrow$ 주식가격 $\uparrow \rightarrow q \uparrow \rightarrow I \uparrow$
② $M^S \uparrow \rightarrow$ 주가 $\uparrow$ 부동산가격 $\uparrow \rightarrow$ 부(wealth) $\uparrow \rightarrow C \uparrow$

(3) 환율 경로 : $M^S \uparrow \rightarrow r \downarrow \rightarrow e \uparrow \rightarrow NX \uparrow$

(4) 신용 경로 : $M^S \uparrow \rightarrow$ 은행 대출 여력 $\uparrow \rightarrow C \uparrow \ I \uparrow$

087 AD곡선

1. AD곡선의 형태

(1) 이자율 효과 :

$$P\downarrow \rightarrow \left(\frac{M}{P}\right)\uparrow \longrightarrow r\downarrow \rightarrow I\uparrow, C\uparrow \rightarrow Y\uparrow$$

(2) 실질부 효과(피구효과, 부의 효과):

$$P\downarrow \rightarrow \left(\frac{W}{P}\right)\uparrow \rightarrow C\uparrow \rightarrow Y\uparrow$$

(3) 경상수지 효과 :

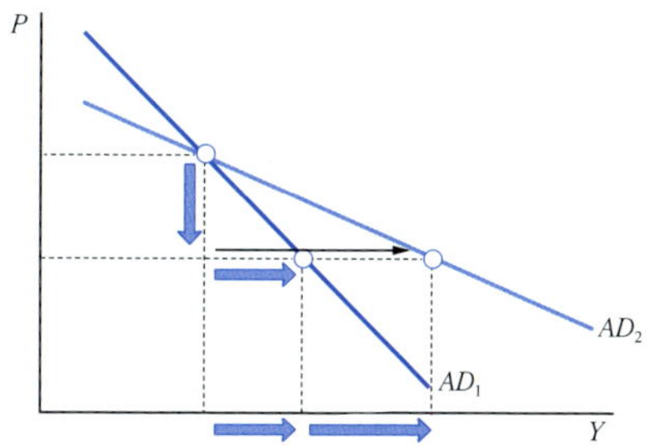

2. AD곡선의 이동

IS곡선과 LM곡선을 우측 이동시키는 요인들은 모두 AD곡선을 우측이동 시킴

참고 古 AD곡선

화폐수량설($MV=PY$)에서 도출

088 IS-LM과 AD곡선 응용

1. IS-LM곡선 기울기와 AD곡선 기울기

⇨ AD곡선의 형태는 IS곡선과 유사하고, LM곡선과는 반대

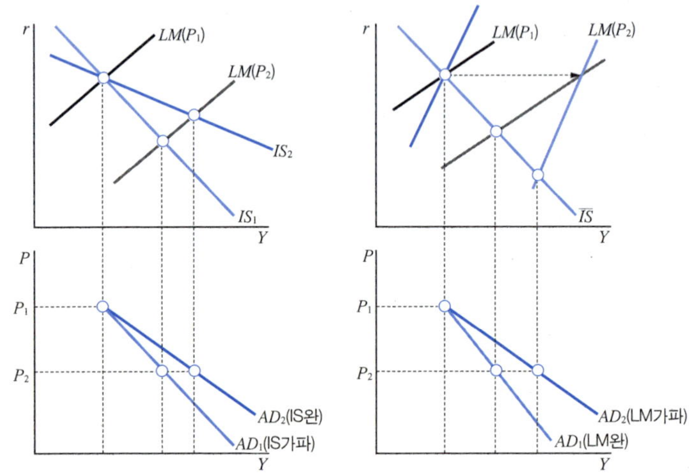

2. AD곡선이 수직인 경우

① IS곡선이 수직이거나 (투자의 이자율 탄력성 = 0)

② LM곡선이 수평인 경우(화폐수요의 이자율 탄력성 = ∞)

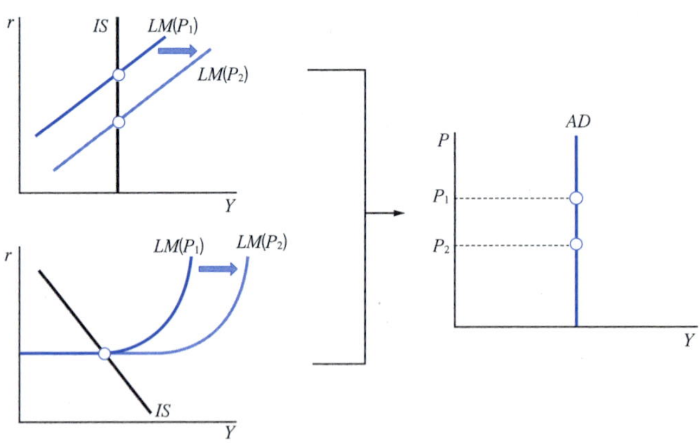

089 AS곡선

1. AS곡선의 개요

① AS(Aggregate Supply)곡선은 기업 전체의 생산량과 물가의 관계를 나타낸 곡선

② 형태 : ■ 한 나라의 노동, 자본, 기술에 의해 총공급의 크기가 결정

■ 기간의 장·단기에 따라서 AS형태가 달라짐

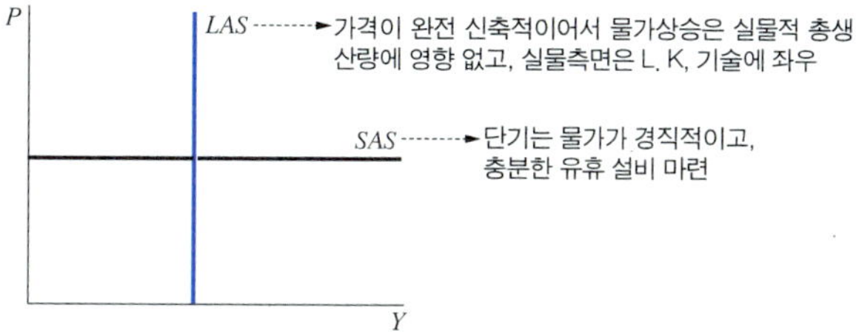

2. AS곡선의 형태

	불완전 정보(古)	$\overline{P}(K)$
노동시장	노동자 착각 모형	비신축적 임금
상품시장	불완전 정보모형	비신축적 가격

3. AS 곡선의 이동

① 생산요소(L,K)의 부존량 증가 → AS 우측 이동

■ 인구증가, 노동의욕제고, 근로소득세 인하

■ 생산성 향상, 법인세율 인하

② 기술진보 → AS 우측 (생산함수 상방이동)

$$Y = Y_N + \alpha(P - P^e) \quad (\alpha > 0)$$

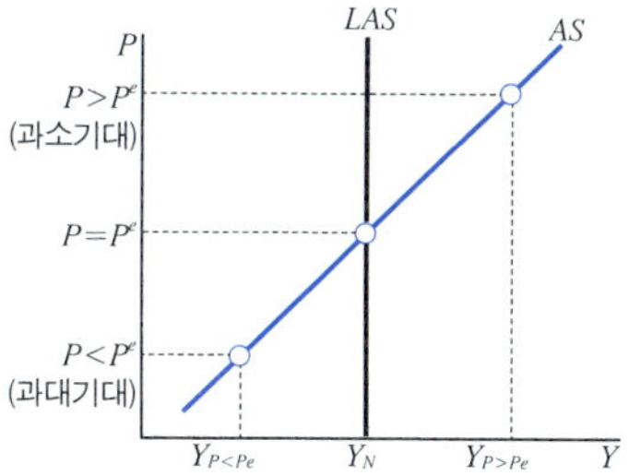

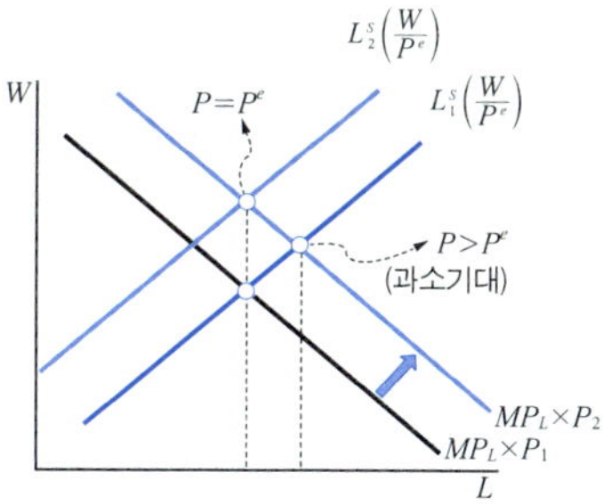

※ $P\uparrow \Rightarrow L^D$ 우측이동 ① 완전착각(과소기대) $L_1^S\left(\frac{W}{P^e}\right)$

② 완전예견($P = P^e$) $L_2^S\left(\frac{W}{P^e}\right)$

090 AS곡선과 기대형성

1. 기대형성

(1) 완전예견 : $P_t^e = P_t$

(2) 정태적 기대 : $P_t^e = P_{t-1}$

① 현재상태가 미래에도 지속될 것으로 예상

② 거미집이론, 화폐환상

(3) 적응적 기대 : $P_t^e = P_{t-1}^e + \alpha(P_{t-1} - P_{t-1}^e)$, $(0 < \alpha < 1)$

① 가중평균

② 장기적으로 정확히 예측하나, 단기에는 체계적인 오류 범함

③ 케인즈 학파, 통화주의 학파

(4) 합리적 기대 : $P_t^e = E(P_t | I_{t-1})$ (I_{t-1} : $(t-1)$기 까지 이용가능한 모든 정보)

① 합리적 기대에는 예측오류는 발생 but, 평균적으로 0

② 체계적인 오류를 범하지 않음

③ 새고전학파, 새케인즈 학파

2. 합리적 기대와 적응적 기대

(1) 적응적 기대

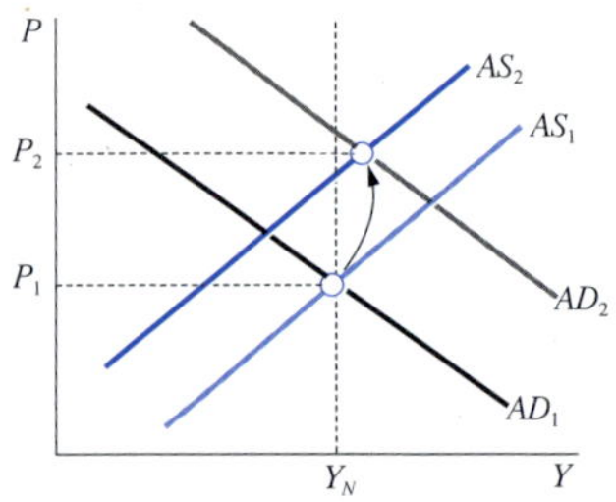

(2) 합리적 기대

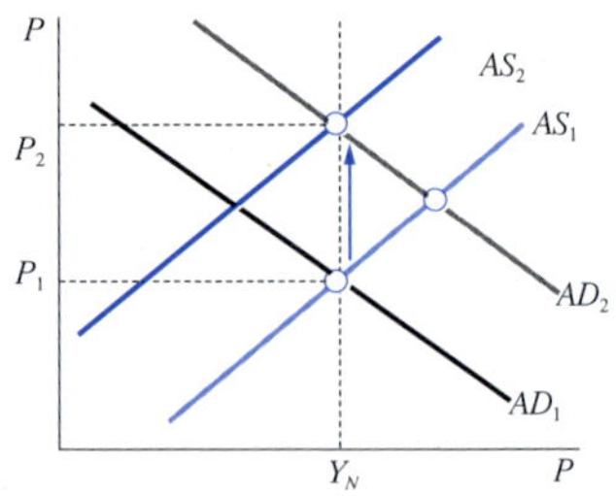

3. 재정정책과 금융정책 효과 (※장기에는 화폐의 중립성 성립)

(1) 재정정책 : 완전구축효과

$\Delta G\uparrow$ → IS우측 → AD우측 → $(P\uparrow)$ → LM좌측 → AD좌측 ⇒ $\overline{Y}$

(2) 금융정책 : 화폐의 중립성

$\Delta M\uparrow$ → LM우측 → AD우측 → $(P\uparrow)$ → LM좌측 → AD좌측 ⇒ $\overline{Y}$

091 물가지수

1. 물가지수

소비자물가지수(CPI)	생산자 물가지수(PPI)	GDP 디플레이터
가계소비지출 대상	기업간 거래 대상	$\frac{\text{명목 } GDP}{\text{실질 } GDP}$: 직접조사 아닌 사후적 산출
수입품 가격 포함 주택 임대료 포함 주택 가격 제외	원자재, 자본재, 소비재 포함 수입품 가격 제외 주택임대료 제외 주택가격 제외	원자재, 자본재 모두 포함 수입품 가격 제외 주택임대료 포함 신규주택가격 포함
라스파이레스 방식 (고정상품 묶음) → 과대측정 가능성	라스파이레스 방식	파셰방식 (변동상품 묶음) → 과소측정 가능성

참고 CPI가 물가변화를 과대평가하는 이유?

① 소비자의 대체가능성 무시
- 라스파이레스 방식 작성(여전히 기준연도와 동일한 재화 구입 가정)
- 상대가격이 상대적으로 많이 오른 재화의 구입을 줄이고, 덜 오르거나 내린 재화 구입량은 증가

② 신제품의 등장
③ 재화의 품질 변화

092 인플레이션 원인과 대처방안

1. 인플레이션 개념

① 일반물가수준이 지속적으로 상승하는 현상

② 지속적으로 통화량 증가 혹은 지속적인 정부지출 증가해야 가능

$$\pi_t = \frac{P_t - P_{t-1}}{P_{t-1}}$$

2. 인플레이션 원인

	(1) 수요견인	(2) 비용인상	(3) 혼합형
유형	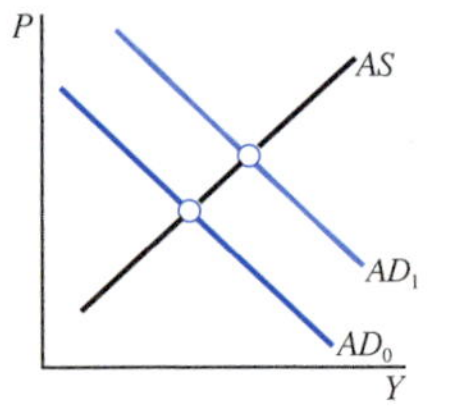	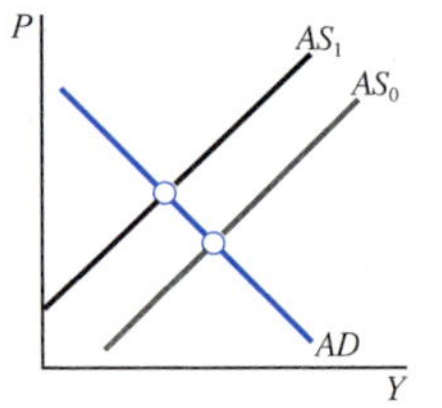	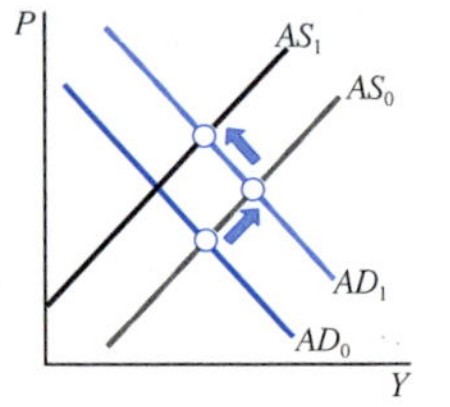
원인	AD우측이동 $\rightarrow M\uparrow, G\uparrow$ ① K: IS우측이동 → 한번 정부지출 증가로 일시적으로는 inf발생 but, 지속적은 × ∴ 지속적인 inf은 재정정책 단독으로는 발생안함 ② 古 : LM우측이동 → 언제나 어디서나 화폐적인 현상	과도한 임금인상, 기업의 이윤 인상, 석유파동 ⇨ stagflation (정책당국의 딜레마)	$G\uparrow \rightarrow AD$우측 $\rightarrow P\uparrow$ $\rightarrow W\uparrow \rightarrow AS$좌측(상방)
해결책	① K : 긴축적 재정정책 ② 古 : 통화량 증가율 적절히 조정(k% rule)	소득정책 (임금가이드라인 설정, 물가통제) → 일시적	

참고 $\pi^e\uparrow$ 효과

- 먼델-토빈 효과 : 예상인플레율 상승시 실질이자율 하락해 투자 증가

  $\uparrow R = \downarrow r + \pi^e \uparrow$

  (5%) (−5%) (10%)

- 피셔 효과 : 예상인플레이션율 상승시 명목이자율이 동일 크기로 상승 효과

  $\uparrow R = \bar{r} + \pi^e \uparrow$

  (10%) (10%)

- 다비 효과 : 예상인플레이션율 상승시 채권자가 불리해질것을 우려해 명목이자율 더 상승

  $\uparrow R = r\uparrow + \pi^e \uparrow$

  (12%) (2%) (10%)

093 인플레이션의 경제적 효과

1. 예상된 인플레이션

(1) 부와 소득의 재분배 ×

완벽히 예상된 inf은 실질임금(W/P)의 변화가 없음

(2) 메뉴비용과 구두창 비용

① 구두창비용

$P\uparrow \rightarrow r\uparrow \rightarrow$화폐보유기회비용$\uparrow \rightarrow$화폐보유$\uparrow \rightarrow$(거래비용)은행방문횟수 증가

② 메뉴비용

(3) 조세부담

누진세 구조하에서 명목소득 증가로 더 높은 세율 적용

(4) 경제성장과 국제수지 저해

① $P\uparrow \rightarrow$ 실물자산(부동산) 선호로 자본축적 저해 $\rightarrow$ 경제성장 $\downarrow$

② $P\uparrow \rightarrow E\left(=\frac{eP_f}{P}\right)\downarrow \rightarrow (X-M)\downarrow$

2. 예상하지 못한 인플레이션

(1) 부와 소득의 재분배

채무자 유리, but, 고정된 임금(연금수급자)은 불리

(2) 경제적 불확실성 증가

장기계약, 장기대출, 장기투자 감소 → 사회적 후생감소

	예상치 못한 인플레이션	예상된 인플레이션
부와 소득 재분배	불리: 채권자, 예금자, 고정소득자 유리: 채무자, 은행, 실물소지자	명목이자율 상승해 재분배 없음
불확실성	크게 증가해 사회후생손실	없음
생산과 고용	일시적으로 생산량과 고용량 증가	불변
경제성장 저해	실물자산선호도 증가 ⇨ 투자 ↓ ⇨ 경제성장 저해	
조세부담 증가	명목소득 증가(실질소득 불변일지라도)	
경상수지 악화	국산품 가격 상승 ⇨ $X\downarrow$, $M\uparrow$	
경제효율성 저해	화폐보유 기피, 실물자산선호로 화폐경제 효율성 저하, 구두창비용과 메뉴비용	

094 디플레이션

1. 개념

① 일반 물가 수준이 지속적 하락 ② 경기에 긍정적인 영향과 부정적 영향

2. 발생 원인

(1) AS우측

① 생산성 향상으로 생산비↓→ AS우측 ② 실질 소득 증가로 후생 증가

(2) AD 좌측

① 총수요 급격한 감소, 유휴 설비, 통화량 감소, 자산(부동산) 가격 하락

② 부채디플레이션(debt deflation) :

P↓ → 부채 실질가치↑→ 차입자금 상환 어려움 → 금융기관 부실화

③ 자산 가격 하락 → 개인·기업 보유 실물자산 가치↓→ C↓I↓

→ 금융기관 부실채권↑(동반 부실 가능성)

3. 영향

(1) 투자위축 : P↓ → 차입금 상환 어려움↑ → I↓ → L^d↓, Y↓

(2) 고용위축 : $P\downarrow \rightarrow \left(\frac{\overline{W}}{P\downarrow}\right)\uparrow \longrightarrow L^d\downarrow, Y\downarrow$

(3) 기업과 금융기관 부실화

참고 대공황 발생원인

① K: 유효수요 → 지출가설
- 민간 소비 위축, 주택투자 감소
- 은행도산 → 대출위축 → 기업 투자재원 조달 어려움

② 古 : 통화량 감소 → LM좌측

참고 π^e↑ 와 IS-LM 곡선

① $\Delta\pi^e$↑ → IS 우측 이동

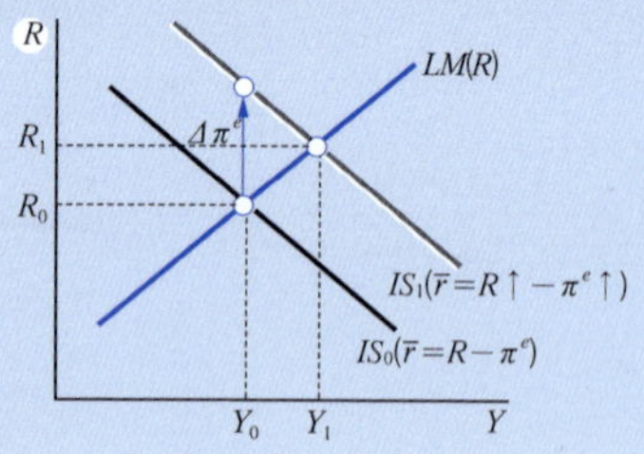

② $\Delta\pi^e$↑ → LM 우측 이동

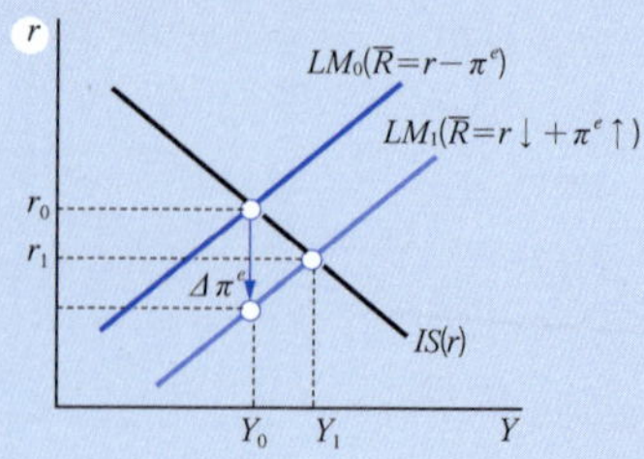

095 실업의 측정과 유형

1. 실업의 개념과 측정

(1) 개념

일할 능력과 의사를 지닌 사람 대상

(2) 측정

① 취업자 : ■ 조사대상 기간 중 수입 목적으로 1시간 이상 일한 사람
■ 18시간 이상 일한 무급가족 종사자
■ 일정한 직장 있으나, 일시적 질병, 노사 분규 파업자

② 비경제활동 인구

■ 15세 이상 중 취업의사없는 주부. 학생, 환자, 고령자, 실망노동자
■ 군인, 교도소 수감자는 비경제활동 인구가 아닌 아예 조사대상에서 제외

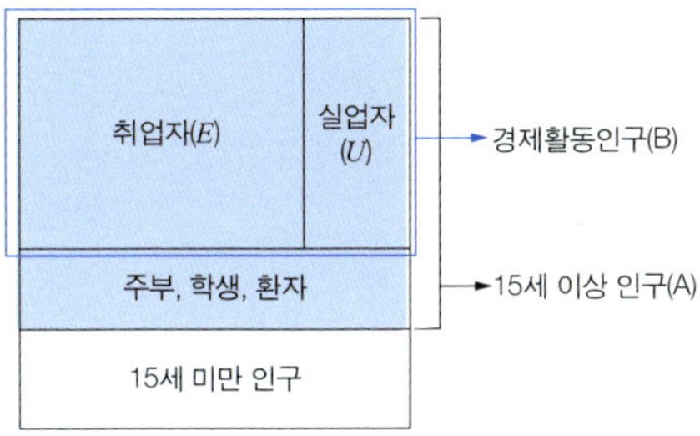

① 경제활동 참가율

$$= \frac{B}{A} \times 100 = \frac{\text{취업자수} + \text{실업자수}}{\text{15세 이상 인구}} \times 100$$

② 실업률

$$= \frac{\text{실업자수}}{\text{경제활동인구}} \times 100$$

$$= \frac{\text{실업자수}}{\text{취업자수} + \text{실업자수}} \times 100$$

③ 고용률

$$= \frac{\text{취업자수}}{\text{15세 이상 인구}} \times 100$$

$$= \frac{\text{취업자 수}}{\text{경제활동인구} + \text{비경제활동인구}} \times 100$$

2. 실업의 유형

(1) 자발적 실업

① 주어진 임금수준에서 일할 의사가 없어서 자발적으로 실업상태에 있는 것
② 마찰적 실업, 탐색적 실업
③ 사회·경제적인 큰 문제는 아님 → 직업정보 흐름 제공이 해법

(2) 비자발적 실업

① 일할 의사와 능력은 있지만 but, 취업 못한 상태
② 경기적 실업, 구조적 실업(사양산업, 장기적)
③ 구조적 실업은 직업훈련 등 인력정책 필요

참고 실망 노동자

직장을 구하려고 시도했으나, 실망하여 구직활동을 포기한 노동자
→ 비경제활동 인구로 빠져나가 공식적인 실업율을 낮추게 됨

096 학파별 실업이론

1. 고전학파

① 명목임금이 완전 신축적 → 노동의 수요와 공급이 모두 실질임금의 함수

② 비자발적 실업은 제도적인 요인 때문

└→(→ 노동조합, 최저임금제, 실업수당) → 가격 기능 보장이 해결책

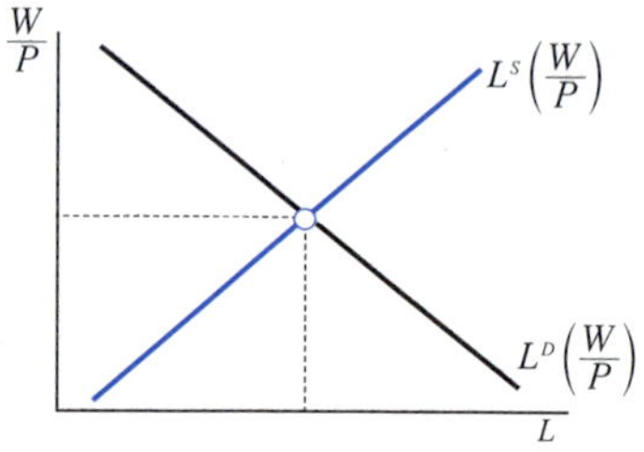

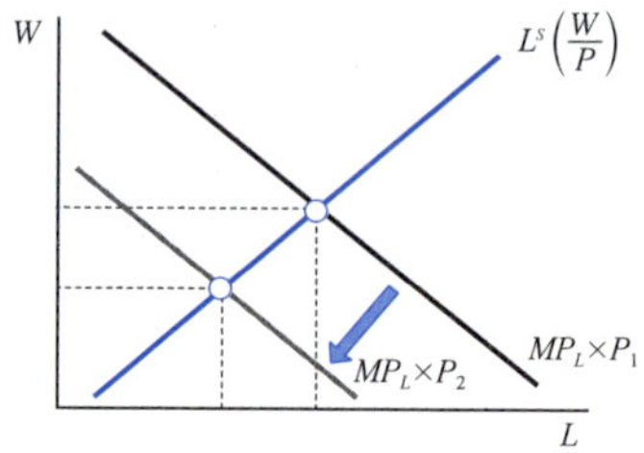

2. 케인즈

※새케인즈는 임금경직성을 미시경제적 기초에 입각해 설명(효율성 임금, 장기임금계약)

① 유효수요 감소(경기침체) → $P\downarrow$ → L^D 감소(좌측이동)

② 유효수요 증대인 확대재정정책 실시가 중요

3. 통화주의와 새고전학파

① 실업은 직업탐색 과정에서 발생하는 자발적 실업이 대부분

② 실업을 줄이기 위한 확대재정정책에 부정적

(∵ 일시적인 효과만 있고, 장기에는 인플레이션만 상승시킬 뿐)

참고 직업탐색이론

① 노동자 : 직업탐색 기간이 길어질수록 → 탐색의 고생비용↑, 좋은 직장 구할 가능성↓, 유보임금↓

② 기업 : 탐색기간이 길어질수록 → 빈자리에 따른 손실액↑ → 제공하려는 임금↑

참고 탐색기간과 실업률 변화

① 탐색기간 증가요인 : 노동자의 예상인플레이션 상승

② 탐색기간 감소요인 : 예상치 못한 인플레이션 상승, 실업보험 축소, 직업정보 증대

└→ 재화가격 상승(호황) → 기업 제시 임금 증가

097 기대부가 필립스곡선과 자연실업률 가설

1. 기대부가 필립스 곡선

$$\pi = \pi^{e} - \beta(u - u_{N})$$

(1) 전통적 필립스 곡선	(2) 기대부가 필립스곡선
$P\uparrow \rightarrow \left(\frac{W}{P}\right)\downarrow \rightarrow L^{d}\uparrow \rightarrow u\downarrow$	※ 노동자는 예상실질임금$\left(\frac{W}{P^{e}}\right)$을 기준으로 노동 의사결정 $P\uparrow \rightarrow P^{e}\uparrow, W\uparrow \rightarrow \left(\frac{\overline{W}}{P^{e}}\right) \rightarrow \overline{u}$

⇨ 인플레이션과 실업률 간의 역(-)의 상관관계는 단기적으로만 존재할 뿐, 장기에는 물가만 상승시키고, 자연실업률 이하로 실업률을 낮출 수는 없음

2. 자연실업률 가설

(1) 개념

① 마찰적 실업과 구조적 실업만 존재(취업자와 실업자 수가 변하지 않는 상태)

② 물가 상승률이 더 높아지거나 낮아지지 않고, 안정적으로 유지되는 경우
(NAIRU:Non-Accelerating Inflation Rate of Unemployment)

③ 잠재 GDP 수준

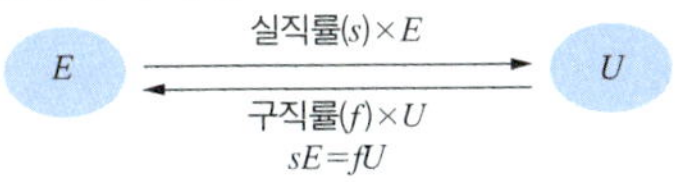

$$u_{N} = \frac{U}{U+E} = \frac{U}{U+\frac{f}{s}U} = \frac{s}{s+f}$$

(2) 의미

① 자연실업률 수준에서 장기필립스 곡선은 수직선이므로 인플레이션율과 실업률 사이에는 상충관계가 존재하지 않음

② 실업률을 낮추기 위한 재량적 안정화정책은 물가상승만 야기

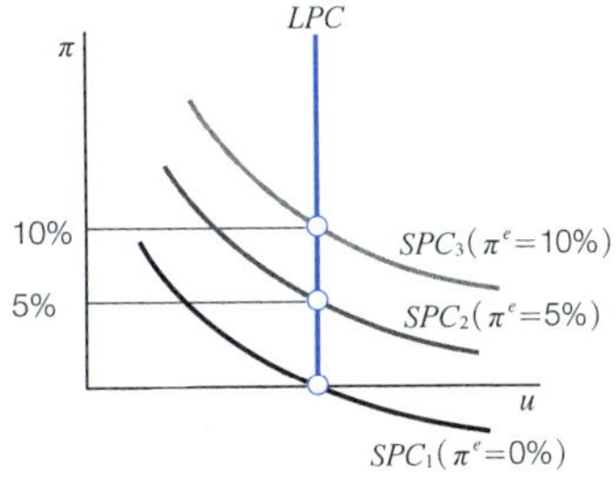

(3) 자연실업률을 낮추기 위한 정책

※ 자연실업률 자체는 항상 고정된 것이 아님 ⇨ 이력현상

① 직업훈련과 인력재배치

② 노동시장의 유연성 제고

③ 탐색비용 감소(직업정보망 확충)

④ 실업보험제도 완화 (실업보험제도, 최저임금제, 노동조합은 자연실업률을 높이는 요인)

참고 이력가설

- 자연실업률 자체가 상승 → 한번 높아진 실업률은 장기에도 원래 수준으로 복귀 ×
- 숙련도 상실, 의욕 상실
- 자연실업률 이론과 상반된 결과(장기필립스곡선이 우하향 형태)

098 디스인플레이션 정책

1. 디스인플레이션 정책과 희생비율

(1) 개념 : 물가안정을 위해서 긴축적 정책(통화량 감소)를 실시하는 정책
→ 인플레이션 억제정책

(2) 희생비율 : 인플레이션을 1% 낮추기 위해서 희생해야 하는 연간 실질 GDP 감소율

$$희생비율 = \frac{실질\ GDP감소율}{인플레이션\ 하락율}$$

2. 점진주의정책 VS 급속냉각 정책

점진주의 정책	급속냉각 정책(cold turkey)
서서히 통화량 감소 → 효과가 서서히 발생 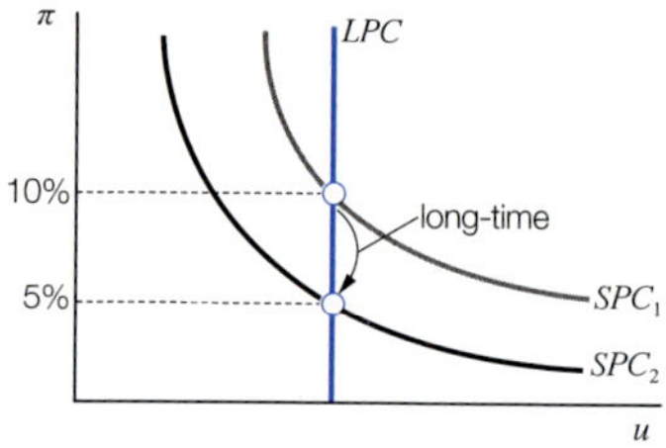 	일시에 통화량 대폭 줄임 → 목표달성(인플레이션 억제)은 신속히 효과 보지만 경기침체가 심각할 수 있음 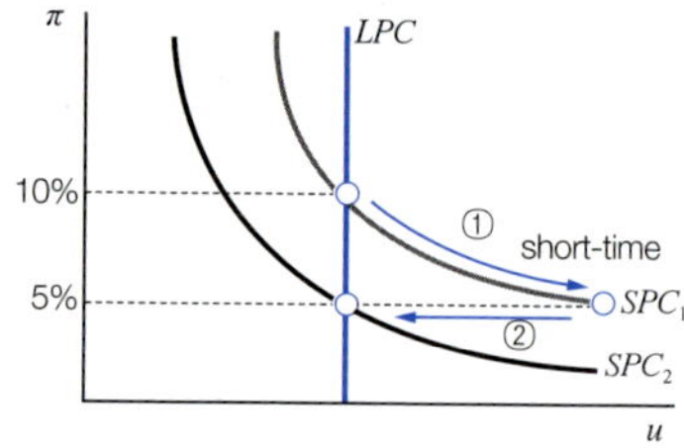 ① 갑자기 AD 감소 → $\pi \downarrow$, $u \uparrow$ ② 경제주체들이 $\pi \downarrow$ 인식 → $\pi^e \downarrow$ → SPC 하방이동

참고 합리적 기대와 급속냉각 정책

- 합리적 기대론자는 급속냉각 정책 지지
  단, ① 정부는 사전에 정책 공표 ② 경제주체들(기업, 노동자)이 그 발표를 신뢰해야 함
  ⇨ 정부정책의 신뢰성이 뒷받침 된 경우, 희생비율은 0이 될 수 있음

099 오쿤의 법칙과 희생비율

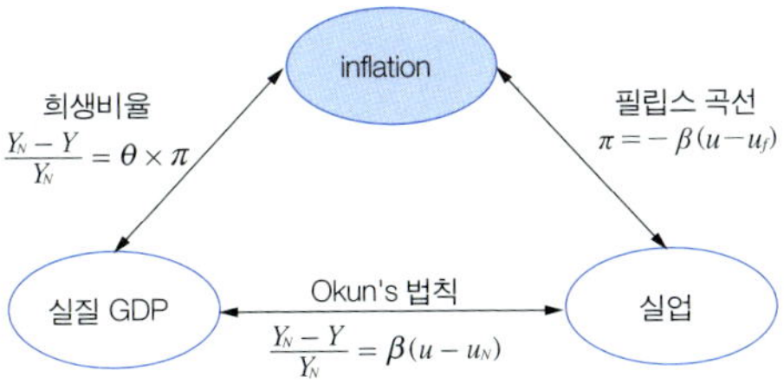

유제 1

오쿤의 법칙에 의하면 실업률이 1% 포인트 상승하면 실질 GDP는 2.5% 포인트 감소한다고 한다. 중앙은행이 강력한 통화긴축을 시행한 결과 인플레이션율은 8%에서 3%로 낮아졌으나 실업률은 4%에서 10%로 상승하였다면 희생비율은?

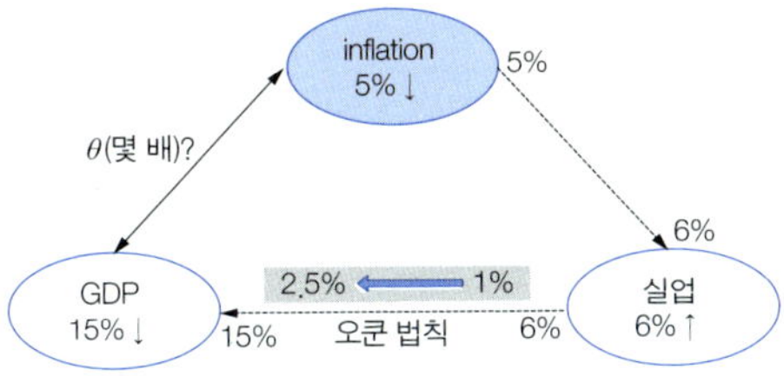

유제 2

어느 경제의 인플레이션율(π)과 실업률(u)의 관계가 $\pi_t = \pi_{t-1} - 0.5(u - 0.06)$으로 주어져 있다. 이 경제의 자연실업률은 얼마이고, 인플레이션율을 2% 포인트 내리려면 실업율은 얼마나 올려야 하는가?

⇨ 자연실업률은 $\pi_t = \pi_{t-1}$이므로, 0.06 (여기서는 $\pi^e = \pi_{t-1}$의미)

$\pi_t = -\frac{1}{2}u + 0.03 + \pi^e$로 π = 2% ↓ ⇨ u=4% ↑

유제 3

우리나라 인플레이션율과 실업률 간의 관계가 아래 식과 같이 주어져 있다고 하자.

인플레이션율=3%−1.0×(실업률−4%)

- 장기 인플레이션율은 3%이다.(○)
- 단기 총공급곡선이 우상향하는 경우이다. (○)
- 자연실업률은 4%이다. (○)
- 고용이 완전고용 수준을 초과하는 경우 인플레이션율은 반드시 3%보다 높다. (○)

100 고전학파 vs 케인즈 학파

	고전학파	케인즈 학파
생산물 시장(IS)	$S(r)=I(r)$ IS 완만 Say's Law : 공급중시	$S(Y)=I$ (Animal Spirit) IS곡선 가파 케인즈 법칙 :유효수요 강조
화폐시장(LM)	LM 가파 화폐수량설: MV = PY (화폐중립성, 고전적 이분성) 화폐의 교환 매개 기능 강조	LM완만 (수평→ 유동성 함정) 유동성선호설 : $\frac{M^S}{P}=M^D(r)$ 실물시장과 화폐시장 연관성 있음
AD	AD곡선 ⇨ 직각쌍곡선 형태 (MV=PY에서 도출)	IS-LM에서 도출
AS와 필립스 곡선	완전고용수준에서 수직	우상향(PC은 우하향 안정적)
노동시장과 실업	화폐환상 × $L^S\left(\frac{W}{P}\right)=L^d\left(\frac{W}{P}\right)$ 완전고용 → 자발적 실업만 존재	화폐환상 존재, 임금의 하방경직적 $L^S\left(\frac{W}{P}\right)=L^d\left(\frac{W}{P^e}\right)$ 비자발적 실업 존재(∵유효수요 부족)
경제안정화 정책	정부개입 반대 재정정책 무력(∵완전구축효과) 금융정책 무력(∵화폐중립성)	정부의 적극적 개입 재정정책 효과 大 (∵구입효과) 금융정책 효과 미약

101 통화주의 vs 새고전학파

	통화주의	새고전학파
기대	적응적 기대 (자연실업률 가설)	합리적 기대
가격신축성 (=경제조정속도)	서서히 조정	즉각적 조정 → 시장청산 가정
AS (필립스 곡선)	단기 : 우상향 장기 : 수직	〈단기〉 ① 물가예상이 정확 → 수직 ② 예상치 못한 물가인상 → 우상향
재정정책	단기에는 어느 정도 효과(구축효과) 장기 무력	단기 : 효과 × 장기 : 효과 ×
금융정책	단기에는 어느 정도 효과 장기 무력 (→ k% 준칙)	〈단기〉 ① 예상된 ⇨ 효과 × ② 예상치 × ⇨ 효과 일시적 〈장기〉 효과 ×

참고 재정정책과 금융정책 비교

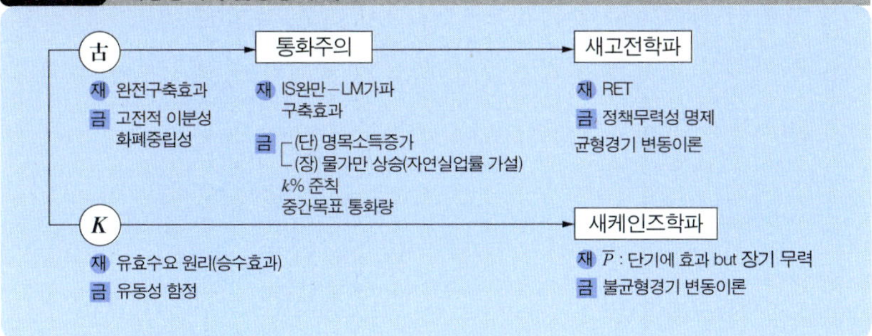

102 새고전학파

1. 새고전학파의 특징

① 현실세계는 고전학파 생각과 달리 불확실 (=불완전 정보 상황 직면)
② 합리적 기대 형성 (→ 통화주의는 적응적 기대)
③ 개별 경제주체들의 최적화 행위 (→ 거시경제의 미시적 기초)
④ 수요의 공급은 시장의 신축적 가격조정에 의해 신속히 조정되어 즉각 청산
⇨ 합리적인 노동자들은 노동공급과 관련한 이용가능한 모든 정보를 활용하여 물가예상을 즉각적으로 갱신하고, 과거의 예상치와 실제치 사이의 체계적인 오차를 미래의 물가예상에 반영하게 됨

2. 루카스 공급곡선

$$Y=Y_N+\alpha(P-P^e) \quad (\alpha>0)$$

⇨ 노동자의 화폐환상이나 가격이 경직성을 가정하지 않고, 정보의 불완전성으로 산출량 수준이 변할 수 있다는 점에서 새고전학파의 공급곡선이라고 함

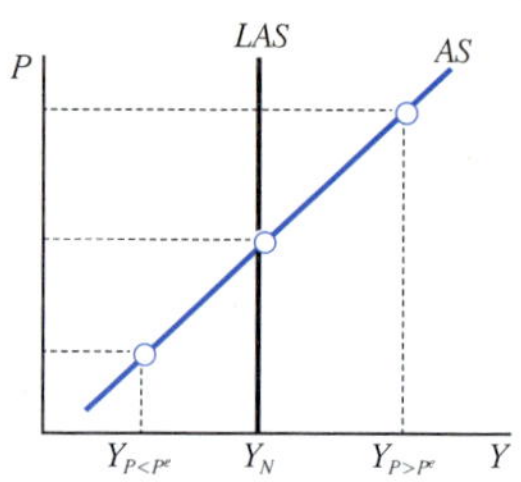

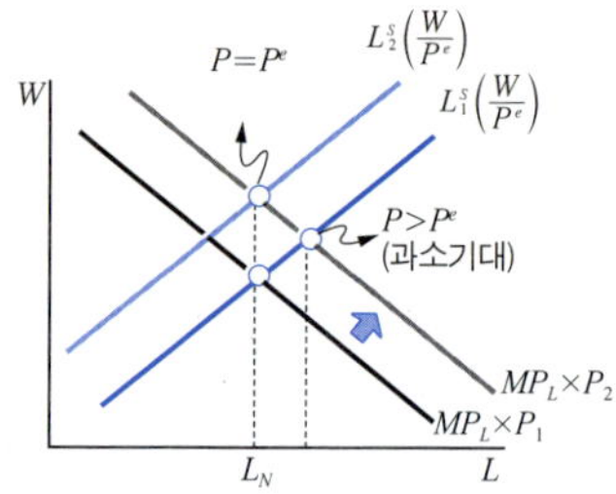

■ 생산수준이 잠재적 총생산수준으로 벗어나는 정도는 α의 크기에 좌우
① $\alpha=0$: 루카스 공급곡선 수직선
(⇨ 기업들이 통화팽창에 다른 자사제품의 가격상승을 상대가격 상승으로 파악하지 않고 일반물가수준 상승으로 파악하여 예상물가수준을 즉각적으로 상향조정해 산출량 불변)
② α 〉0가 클수록 : 루카스 공급곡선 기울기 완만
(⇨ 기업들이 자신의 제품가격 상승에 대응하여 산출량을 상대적으로 크게 늘린 결과임)

정책적 시사점

〈의미〉 루카스 공급함수는 예상치 못한 화폐금융정책을 빈번하게 사용한 나라일수록 α가 작을 것이고, 그 결과 산출량도 거의 변하지 않을 것으로 예상
(∵ 기업들이 자신의 제품가격이 상승할 때 이를 상대가격상승으로 파악하기 보다는 과거의 경험에 비추어 통화량 변동에 의한 일반물가 상승과 그에 따른 가격상승으로 파악하기 때문)

3. 경기변동과 루카스 공급함수

모든 경기변동과정이 개별 경제주체들의 동태적 최적화(dynamic optimization)행동의 결과로 후생비용이 크지 않음(⇨ 케인즈의 화폐환상을 합리적 기대하의 물가예상 착오로 발전시킴)

103 새케인즈 학파

1. 의의

① 합리적 기대 + 최적화(micro-founded analysis)
② 가격변수는 여전히 경직적이므로 정부 정책은 효과적

- 실질임금경직성: 효율성 임금, 내부자-외부자, 암묵적 계약이론
- 명목임금 경직성: 중첩임금설정, 장기임금 계약이론
- 상품가격 경직성: 메뉴 비용, 조정실패
- 이자율 경직성 : 신용할당 모형

2. 가격변수 경직성 : 실질임금 경직성

① 효율성 임금이론 : $\left(\frac{W}{P}\right)\uparrow \rightarrow$ 생산성↑
② 내부자-외부자 이론 : 현재 고용된 내부자(insider)는 실업상태의 외부자에 관심이 없고 노동조합의 단체협상을 통해 시장의 균형임금 수준보다 높은 수준에서 경직성 유지(실업률의 이력 강조)
③ 암묵적 계약이론 : 위험기피적인 노동자들은 덜 위험기피적인 기업에 대해서 약간의 낮은 임금을 수용하면서 안정적인 고용관계 선호

참고 새고전학파

① 시장청산, 가격신축성, 합리적 기대
② 루카스 비판(Lucas critique)
: 경제 상황에 상관없이 소비성향, 투자 성향 등의 경제 변수가 일정하다고 가정한 상태에서 경제 부분은 타당성을 상실한다는 비판
③ 루카스 공급 곡선

$$Y=Y_N+\alpha(P-P^e)\quad(\alpha>0)$$

: $P=P^e$라면 단기에도 AS가 수직
④ 정책 무력성 명제(Policy ineffectiveness proposition)
: 합리적 기대하에 개인들은 물가를 평균적으로 정확히 예상해 정부의 예상된 정책은 단기에서조차 산출량 증대 효과 무력
→ 예상치 못한 경우에만 일시적으로 고용과 산출량에 영향 미침

104 인식시차(적극적 vs 소극적)

1. 시차의 개념 : 내부시차 vs 외부시차

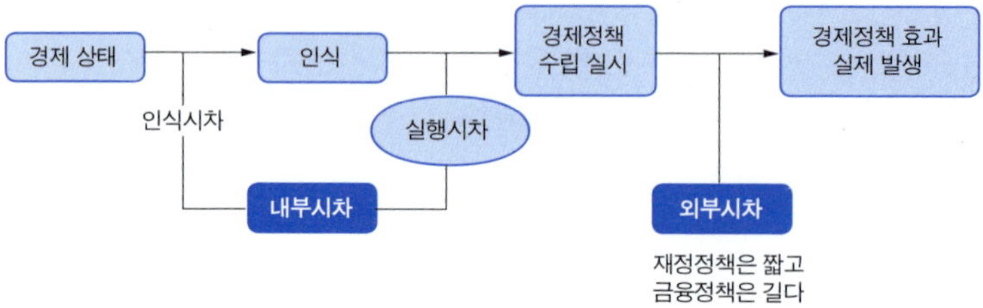

■ 실행시차

① 재정정책이 길고 (∵ G, T는 정부의 예산 편성과 국회의 동의 필요)

② 금융정책이 짧음(∵ 중앙은행이 독립적으로 판단)

2. 적극적 정책 vs 소극적 정책

① 적극적 정책 : 정부가 적극 개입해 경제 안정화 실시

② 소극적 정책 : 민간 경제의 자율적인 조정기능 신뢰해 정부개입 자제

→ 고전학파(통화주의, 새고전학파)는 경제는 안정적이고 가격의 신축성으로 정부의 적극적 개입에 반대

* 준칙에 입각한 정책이 수동적인 것을 의미하는 것은 아니고 적극적일 수도 있음.

3. 조정 속도

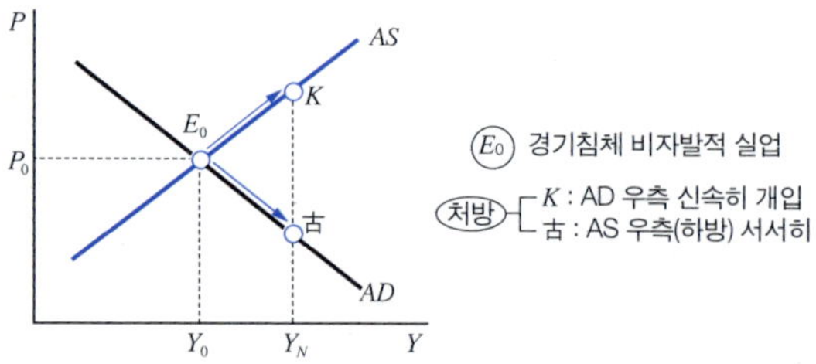

105 최적정책의 동태적 비일관성(재량 vs 준칙)

1. 최적 정책의 동태적 비일관성(time inconsistency of optimal policy)

: 일정 시점에서 최적이 시간지난후 장기적 관점에서 볼 때 최적이 아닐 수 있음(일관성 상실)

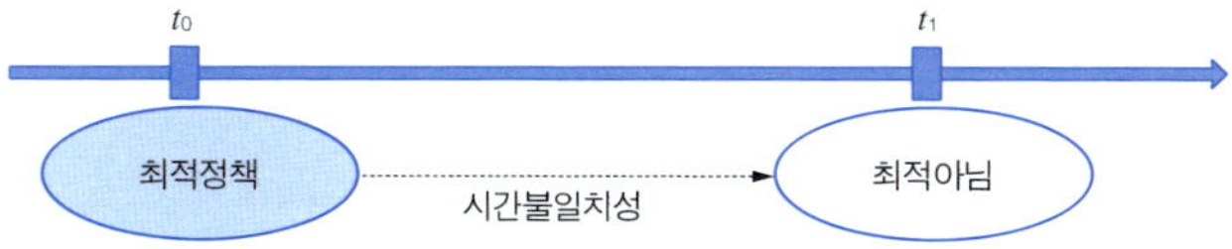

① 준칙에 입각한 정책이 바람직(재량적 정책은 장기적으로 볼 때 일관성 유지 ×)
② 일관성 없는 정책의 반복은 국민의 신뢰를 상실하고 의도한 효과도 얻지 못함
③ 공개적이고 일관성 있는 정책 실시 주장

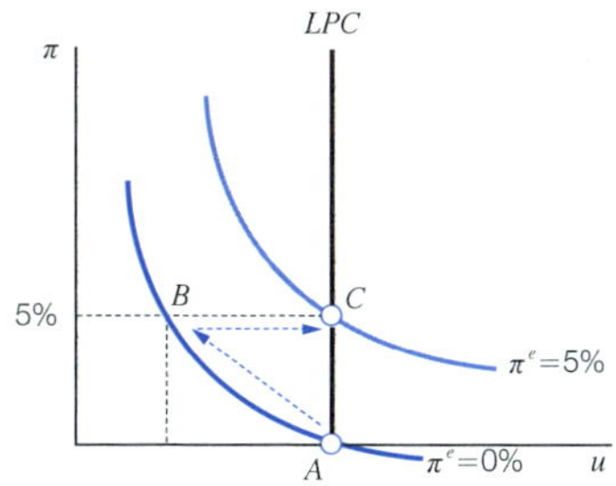

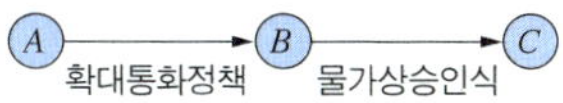

2. 재량정책 VS 준칙정책

(1) 재량정책 (케인즈 학파)
정책 당국의 판단에 따라

(2) 준칙 (통화주의)
경제 상황에 관계없이 사전에 정해진 대로(반드시 수동적이지 않고 적극적 가능)

참고 테일러 준칙(Taylor rule)

$$r=(\pi-\pi_N)+(Y-Y_N)$$

호황($\pi>\pi_N$, $Y>Y_N$)인 경우 금리인상

106 경기변동과 경기지수

1. 경기변동

(1) 개념

총제적인 경제활동 수준의 지속성, 반복성

(2) 발생원인

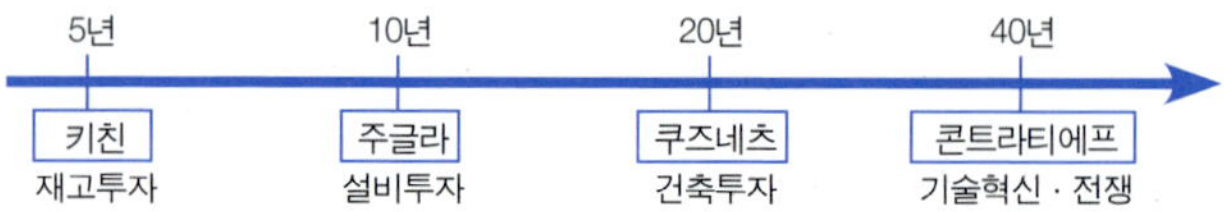

2. 경기지수

(1) 경기종합지수(Composite Index: CI)

① 선행종합지수 구성지표(7개)

경제부문	지표명	내용
생산	재고순환지표	생산자제품제조업출하 전년동월비 – 생산자제품제조업재고 전년동월비
생산 · 소비	경제심리지수	BSI(32개), CSI(17개) 중 경기대응성이 높은 7개 항목의 가중평균
투자	기계류내수출하지수	설비용 기계류에 해당하는 69개 품목(선박 제외)
	건설수주액(실질)	종합건설업계의 국내건설공사 수주액
대외	수출입물가비율	수출물가지수+수입물가지수×100
금융	코스피	월평균
	장단기금리차	국고채유통수익률(5년, 월평균) – 무담보콜금리(1일물, 중개거래, 월평균)

② 동행종합지수 구성지표(7개)

경제부문	지표명	내용
고용	비농림어업취업자수	취업자수–농림어업취업자수
생산	광공업생산지수	광업, 제조업, 전기, 가스업(대표품목 485개)
	서비스업생산지수	도소매업 제외
소비	소매판매액지수	소매업, 자동차판매 중 승용차
	내수출하지수	광업, 제조업, 전기 · 가스업(내수용)
투자	건설기성액(실질)	건설업체에서 시공한 공사액
대외	수입액(실질)	수입액(CIF)+수입물가지수

③ 후행종합지수 구성지표(5개)

경제부문	지표명	내용
고용	취업자수	경제활동인구 중 취업자수
생산	생산자제품재고지수	광업 · 제조업(대표품목 417개)
소비	소비자물가지수변화율(서비스)	서비스 152개 품목 물가지수의 전년동월 대비 변화율
대외	소비재수입액(실질)	소비재수입액÷소비재구입물가지수
금융	CP유통수익률	CP(Commercial Paper) 일물의 단순평균수익률

(2) 기업경기실사지수(Business Surveying Index:BSI)

$$BSI = \frac{\text{상승의견업체수} - \text{하락의견업체수}}{\text{전체응답업체수}} \times 100 + 100 \, (0 \leq BSI \leq 200)$$

(3) 소비자동향지수(Consumer Survey Index:CSI)

$$CSI = \frac{(\text{매우긍정} \times 1) + (\text{다소긍정} \times 0.5) - (\text{다소부정} \times 0.5) - (\text{매우긍정} \times 1.0)}{\text{전체응답가구수}} \times 100 + 100$$

① $0 \leqq CSI \leqq 200$

② CSI가 100보다 크면 향후 전망이 좋아질 것으로 보는 가구가 더 많음
100 미만이면 나빠질 것으로 보는 가구가 더 많음

107 균형경기변동이론

1. 균형경기변동이론 - 새고전학파

경기변동으로 새고전학파는 외부충격에 대한 경제주체들의 최적화행동의 결과로 인식
→ 균형자체의 변화, 사회적 후생감소 초래 ×

2. 화폐적 균형경기변동이론(MBC)

① 예상치 못한 통화량 변화(화폐적 충격) → 물가인식 오류
② $Y=Y_N+\alpha(P-P^e)(\alpha>0)$
 ⇨ $P>P^e$인 경우, $Y>Y_N$(산출량이 일시적으로 완전고용산출량 수준 초과)
 ⇨ $P=P^e$로 조정되면 $Y=Y_N$로 복귀
③ 경기변동의 지속성 설명 못함 : 화폐적인 충격으로 물가예상오류가 지속되지 않음

3. 실물적 균형경기변동이론(RBC)

(1) 실물적 충격 원인

① 생산성 충격 : 기술혁신, 노동과 자본의 질적 변화, 정부 규제 변화
② 노동 자본 투입크기 변화 : 인구변화, 원자재 가격 변화, 투자세액공제 변화, 소득세율 변화

(2) 유리한 공급충격

① 생산함수 상방이동 → $MP_L\uparrow \rightarrow L\uparrow, Y\uparrow$: 호황
② 가격 조정이 신속히 이루어져 완전고용 산출량 유지(균형상태)

(3) 경기변동의 지속성

① 노동의 기간간 대체 : $W\uparrow \rightarrow L\uparrow$
② 건설기간(time to build) : 유리한 기술충격 → 투자시작 → 자본재가 건설되는 기간동안 생산, 투자, 소비가 지속성 상승

참고 $\frac{(1+r)W_1}{W_2}$

유리한 공급충격
① $W_1\uparrow \rightarrow L_1$(현재노동)
② $r\uparrow$(실질이자율) $\rightarrow L_1\uparrow$

(4) 실물부문의 변화가 통화량 변동에 영향을 줌 (but, 역은 성립 ×, 화폐의 중립성 성립)

참고

개인의 최적화 행동 + 가격과 임금의 경직성 ⇨ 사회적 최적화 결과 이탈, 정부개입필요
① 조정비용
② 장기계약
③ 불완전경쟁시장
④ 재고존재
⑤ 총수요외부효과(조정실패)

108 성장회계

1. 성장회계(Growth Accounting)

① 경제성장에 있어서 생산요소 기여정도를 분석

$$Y = AF(K, L) = AK^{\alpha}L^{1-\alpha}$$
$$\frac{\Delta Y}{Y} = \frac{\Delta A}{A} + \alpha\frac{\Delta K}{K} + (1-\alpha)\frac{\Delta L}{L}$$

② CD생산함수 형태에서 K와 L이 1% 증가하면 생산량은 각각 α%, $(1-\alpha)$% 증가

③ A는 기술수준을 나타내는 총요소생산성으로 솔로우잔차(Solow residual)

④ P.Krugman은 아시아경제성장 기적이 A가 아닌 L과 K의 양적 투입의 결과라고 비판

109 Solow의 신고전파 성장이론

1. 솔로 성장 모형 개요

① 생산 요소간 대체가 기술적으로 가능한 → 생산요소가격이 신축적 조정(안정적 성장)
② 기술수준이 모형 외부에서 결정 → 외생적 성장론
③ 저축은 소득의 일정비율 ($S=sY$)
④ 생산요소 대체가 가능한 CD생산함수 가정(=규모에 대한 수익불변)

2. 모형

$$Y = AF(K, L) \rightarrow \frac{Y}{L} = f\left(\frac{K}{L}, 1\right) \rightarrow y = f(k)$$

3. 균제상태(steady state)

① 1인당 자본량이 더 이상 변하지 않는 상태(=정상상태)
② 자본의 실제 투자액 = 필요 투자액 일치
③ 1인당 자본량과 1인당 생산량의 일정 유지
but, 인구는 매년 n의 비율로 증가 → 경제 전체의 총생산량은 n의 비율로 증가

⇨ 경제성장률 = 인구증가율 = 자본증가율

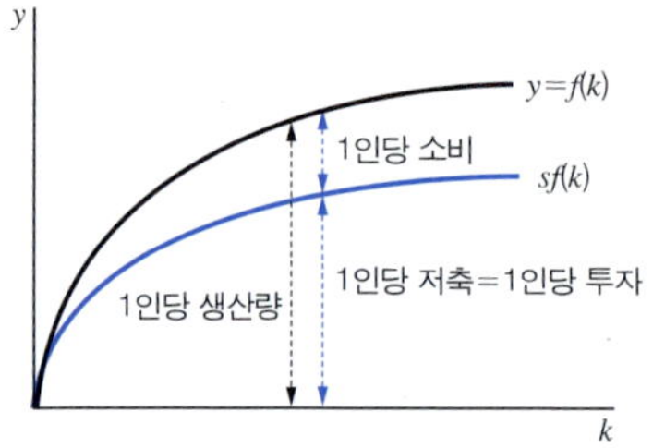

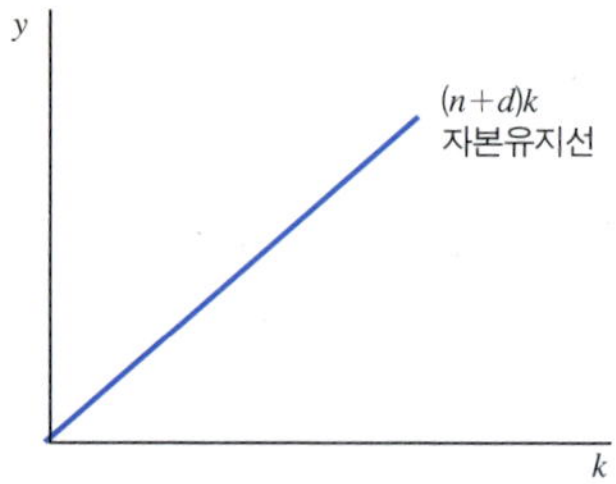

$$\Delta k = sf(k) - (n + d + g)k$$

⇨

$$\frac{\Delta k}{k} = \frac{sf(k)}{k} - (n + d + g)$$

4. 균제상태의 변화

(1) 저축률 상승

① 수준효과(level effect)는 있으나, 성장효과(growth effect)는 없음
② 단기적으로 경제성장률이 높아지나, 장기적으로는 원래 수준(n)으로 복귀

(2) 인구증가율 상승

① 균제상태에서 경제성장률이 상승(접선기울기 가파)
② but, y ↓ → 생활수준 ↓
③ 균제 상태에서는 '경제성장률=인구증가율'이므로 새로운 균제상태에서는 경제성장률이 상승

(3) 기술진보

지속적인 경제성장은 지속적인 기술진보에 의해서만 가능

→ 1회적인 기술진보는 단기적인 경제성장만 가져올 뿐

5. 자본축적의 황금률(= 1인당 소비극대화)

$$Y = MP_K K + MP_L \cdot L$$

$$\frac{Y}{L} = MP_K \cdot \left(\frac{K}{L}\right) + MP_L \cdot \left(\frac{L}{L}\right)$$

$$\therefore y = MP_k \cdot k + MP_L$$

기울기 절편

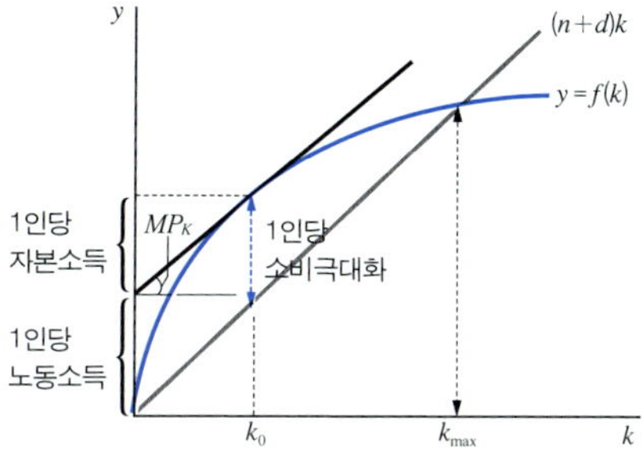

균제상태 중에서 1인당 소비가 극대화되는 상태가 자본 축적의 황금률(Golden Rule)

$$f'(k) = n + d = MP_K$$

- 저축률 = 자본소득 분배율
- 자본소득 = 저축 = 투자
- 노동소득 = 소비

6. 평가

① 경제성장의 요인을 기술진보로 설명하나 기술진보 요인을 모형내에 반영 못함

② 수렴가설이 성립해야 하지만 선진국 간에서만 성립할 뿐

110 내생적 성장이론

1.솔로우 모형의 시사점과 한계

1인당 소득과 1인당 자본량의 지속적인 증가를 설명 못하고, 부유한 국가 간의 1인당 소득은 장기적으로 수렴하지만, 가난한 국가들의 1인당 소득은 장기적으로 수렴하지 않음

(1) 성장원동력의 외생성

① 지속적인 기술진보만이 경제성장의 정형화된 사실인 1인당 소득과 자본량의 지속적인 증가 설명

② 생산함수가 한계수확체감하므로, 저축률의 증가나 인구증가율의 감소는 새로운 균제상태에 도달하기 전까지만, 일시적으로 1인당 자본량과 소득을 증가

⇨ 균제상태에서는 1인당 자본량과 소득의 성장률은 0가 됨

(2) 경제성장의 수렴성

① 절대적 수렴(absolute convergence) : 경제의 기본구조에 상관없이 국가간 1인당 소득이 수렴

② 상대적 수렴(relative convergence) : 경제적 기본구조에 따라 수렴이 되지 않을 수 있음
→ 경제의 생산함수, 저축률, 인구증가율 등

2. 내생적 성장이론

솔로우 모형에서 ① 한계수확체감법칙을 인정하여, 원점에 대한 오목한 1인당 생산함수가 모형 내의 상호작용을 통해서 지속적으로 상방이동하거나, ② 솔로우 모형같이 자본축적을 경제성장의 원동력으로 인정하되, 균제상태에서 한계수확체감의 법칙이 발생하지 않도록 모형 설정하여 극복

(1) AK모형

자본 투입에 대한 한계생산이 체감하지 않고 단기적으로 고정된 상수 A가 된다는 의미로, K에는 넓은 의미의 복합자본재(composite capital)로 물적 자본 뿐만 아니라 인적자본까지 포함한 개념임

⇨ 물적 자본과 인적자본이 축적되는 과정에서 양(+)의 외부성을 통해 자본의 효율성을 상승시킴

(2) R&D 모형

기술진보는 비경합성과 배제가능성을 지닌 지식의 축적과 연결되어, 재화생산부문의 1인당 생산함수가 지속적으로 상방 이동하여 1인당 자본량과 소득의 지속적 증가가 가능

⇨ 지식의 비경합성은 지식이 한번 공개되면 공유하는데 비용이 없다는 것이고(MC=0), 지식의 배제가능성은 재산권이나 특허법을 통해 달성할 수 있기에, 지대추구를 위한 경제주체들에 의해 지식은 빠르게 전파됨(지식의 외부성)

(3) 학습효과 모형

경험에 의한 지식축적은 긍정적 외부성

(4) 인적자본모형

교육, 훈련 등 인간에 체화된 자본 강조

참고 **AK 모형:** $Y = AK \rightarrow \frac{Y}{L} = A\frac{K}{L}$

- K: 물적자본 외에 지식, 인적 자본을 포함하는 광범위한 자본 개념
- 생산함수는 자본에 대한 수확체감이 존재 ×
  ⇨ ∴ 저축을 통한 투자는 자본량 증가로 이어져 지속적인 경제성장
- AK모형에서 기본 방정식은 $\frac{\Delta k}{k} = sA - n$
  ⇨ $(sA-n)>0$이면 1인당 자본량 증가로 저축률이 높을수록 경제성장률이 높아짐

※ Solow 모형에서는 저축률 상승으로 일시적으로 성장률 증가일 뿐
but, 내생적 성장이론에서는 장기적(지속적), 성장률이 향상으로 성장효과(growth effect)도 있음

111 절대 우위론 vs 비교우위론

1. 절대 우위론(절대 생산비설)

(1) 개념

절대적으로 생산비가 낮은 상품에 생산 특화 → 교환 → 상호이득

(2) 내용

① 숫자는 생산에 필요한 노동투입량

L	한국	미국
X재	1	2
Y재	2	1

② 한국은 X재에 절대우위, 미국은 Y재에 절대우위

(3) 평가

① 자유무역론의 이론적 근거

② 두 나라 중 한 나라가 모두 절대우위에 있는 경우 무역발생 안 함(현실 설명력 박약)

2. 비교우위론(비교생산비설)

(1) 개념 :

한 나라가 두 재화 모두 절대우위에 있어도 무역이 가능 → 상대적으로 잘하는 것

(2) 내용 :

① 기회비용이 일정하면 생산가능곡선 우하향 직선

L	한국	미국
X재	1	10
Y재	2	4

⇨

기회비용	한국	미국
X재	1/2	10/4
Y재	2/1	4/10

② 교역조건 : $\left(\frac{P_X}{P_Y}\right)^{한국} = \frac{1}{2} < \left(\frac{P_X}{P_Y}\right)^{미국} = \frac{10}{4}$

(3) 일반화 :

일반적으로 기회비용이 체증하는 경우는 PPC 원점에서 오목한 형태 → 부분특화

참고 중상주의 vs 아담스미스

- 중상주의 : 귀금속을 부(wealth)의 원천, 수출장려 수입억제 → 보호무역정책 옹호, zero-sum 게임
- A.Smith : 부의 원천은 노동, 노동생산물이 많을수록 부유 → 자유무역 주장

112 비교우위와 무역효과

1. 무역이전 생산소비점

A국

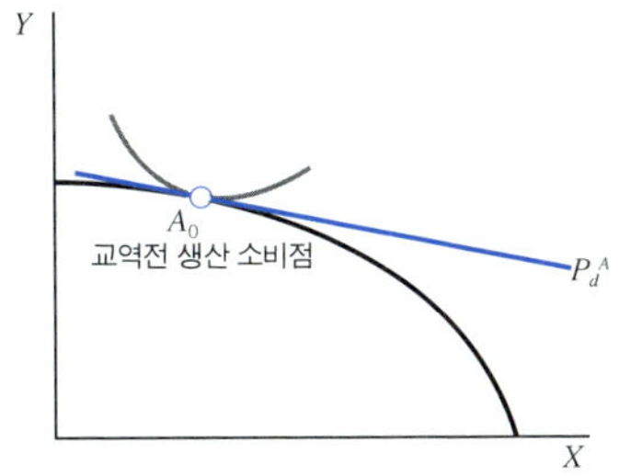

B국

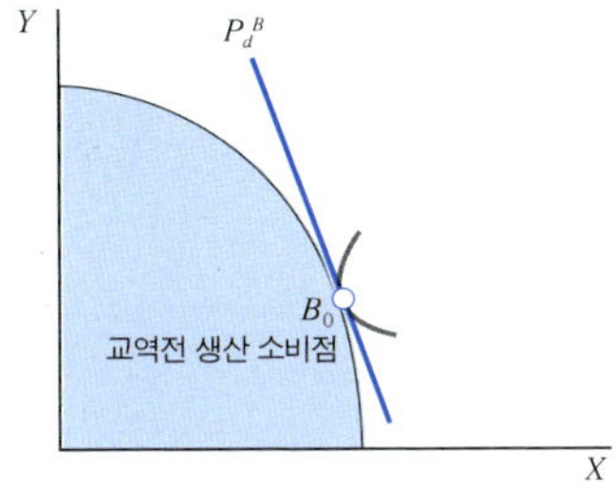

2. 무역이후 생산 소비점

A국

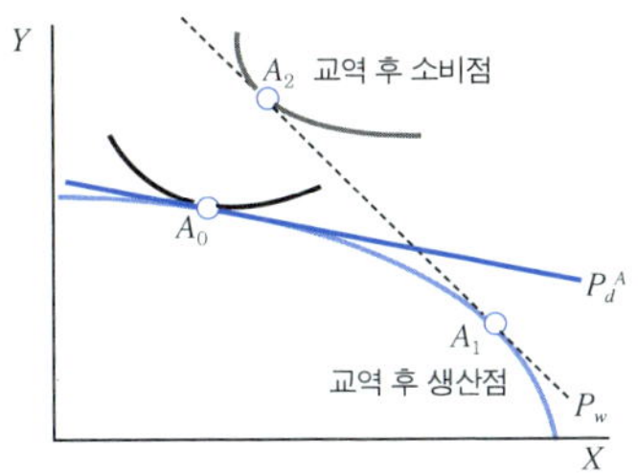

B국

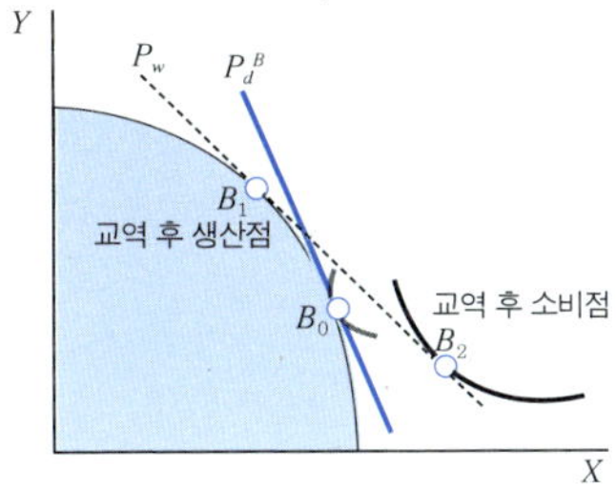

3. 무역이익

① 교환으로 얻은 이익 (⇨ 대체효과 유사) (A→B)

② 생산의 특화로 얻은 이익 (⇨ 소득효과 유사) (B→C)

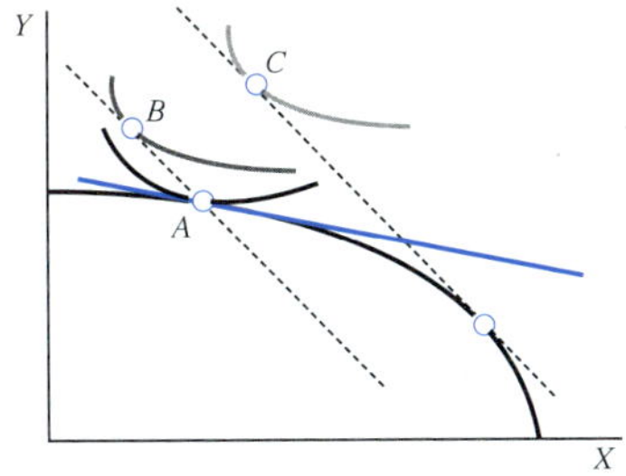

113 국제 무역론의 4대 이론

1. 국제무역론 4대 이론

(1) 헥셔-올린 정리(HO)

상대적으로 풍부한 부존요소를 집약적으로 사용해야 비교우위가 있음

(2) 요소가격균등화정리

자유무역실시→ 무역으로 생산요소 가격이 동일해짐 (비록 생산요소가 직접 이동하지 않더라도)

(3) 스톨퍼-사무엘슨 정리

노동집약적인 X재의 가격상승 → 노동의 실질 소득 증가

(4) 립진스키 정리

노동부존량 증가 → 노동집약재 생산 증가(자본집약재 생산 감소)

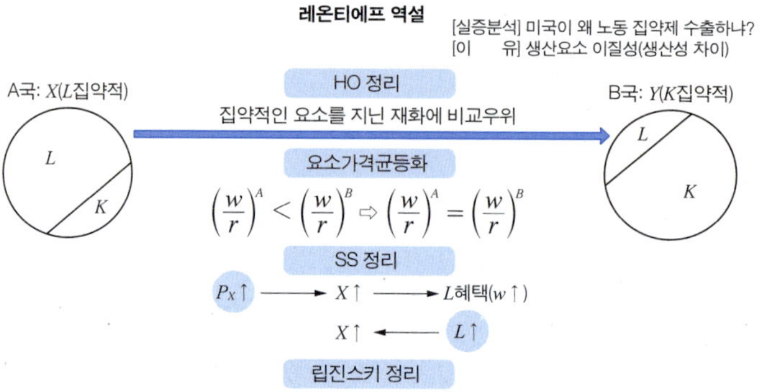

2. 레온티에프 역설

(1) 개념

HO의 정리와 반대로 자본이 상대적으로 풍부한 미국 → 신기하게도 노동 집약재 수출

(2) 해명

생산요소의 이질성 (Leontief) → 미국은 노동생산성이 다른 나라보다 100배 높다.

∴ 역설처럼 보여도 역설이 아니다.

참고 현대 주요 무역이론

① 기술격차설 : 모방하는데 시간이 걸림
② 제품수명주기 이론 : 신제품 단계 → 성숙단계(비교우위 사라지기 시작) → 표준화 단계(후발자가 오히려 우위)
③ 독점적 경쟁(규모의 경제) : 차별화된 재화 생산, 다양한 재화 공급, 산업내 무역, 후생 증가
④ 대표적 수요이론 : 국내 시장의 빽이 든든해야 → (규모의 경제 발생) 생산비용 절감효과

114 교역조건과 오퍼곡선

1. 교역조건(terms of trade)

(1) 상품 교역조건$(= \frac{P_X}{P_Y})$

⇨ 환율(e↑) : 외국돈의 가치 상승으로 외국상품 가격 상승

⇨ 교역조건 악화

2. 오퍼곡선(offer curve)

(1) 개념

국제가격 수준에서 수출하려는 재화의 양과 수입하려는 재화의 양의 조합

⇨ 양국의 오퍼곡선이 교차하는 점에서 교역량과 교역조건이 결정됨

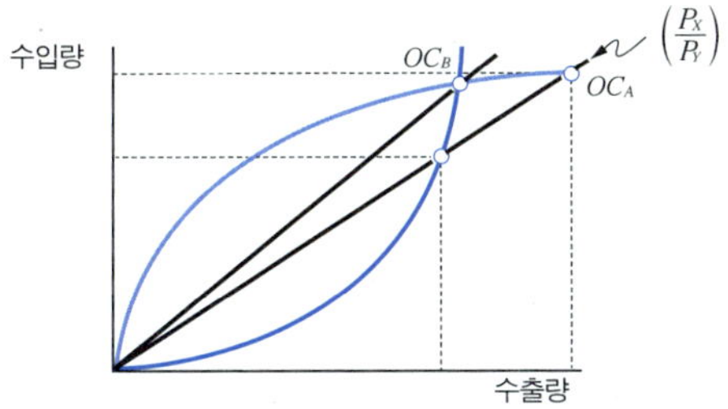

(2) 교역조건의 변화

① 수출국(한국) 국민들이 수입재를 더 선호하는 경우 → 수입증가(오퍼곡선 우측이동)

② 한국 국민소득 증가 → 수입증가(오퍼곡선 우측이동)

③ 수입관세 폐지 → 수입증가 (오퍼곡선 우측이동)

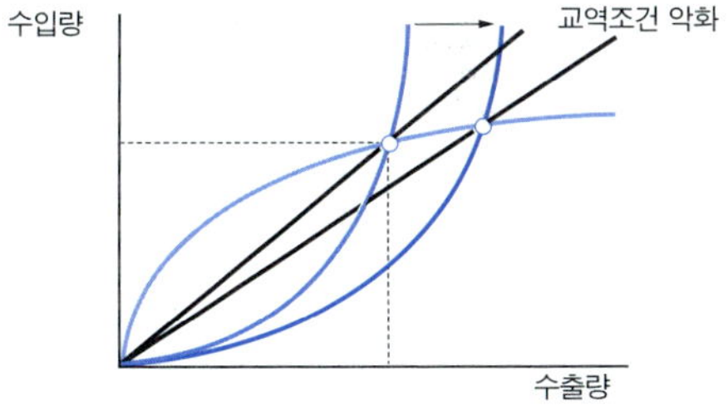

- 한국이 수입재 선호
  (→ 동일한 양의 Y재를 수입하기 위해서 지불할 용의가 있는 X재 수량 증가)
  ① 교역량의 증가
  ② 교역조건의 악화
- 수출재인 X재의 양의 증가 의미는 P_X↓
  ∴ 교역조건 악화 의미

115 궁핍화성장 이론과 보호무역론

1. 궁핍화 성장 : 대국

(1) 개념

경제성장 → 교역조건 악화 → 후생수준 악화

(2) 발생원인: 교역조건 악화 원인

① 수출재 생산이 너무 크게 증가해 → 교역조건이 악화

② 외국의 수요의 가격탄력성이 너무 크게 낮아져 → 교역조건 악화

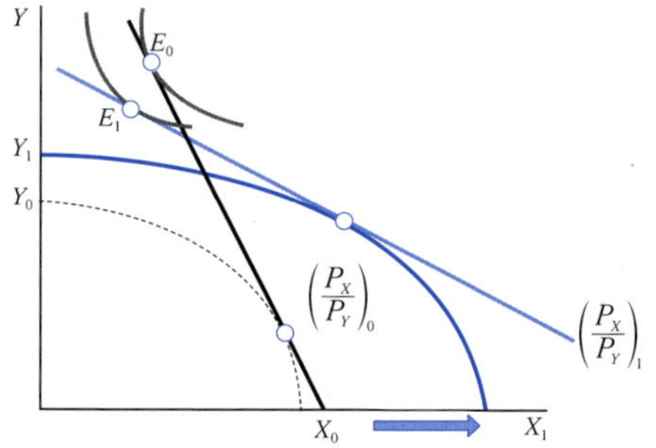

2. 보호무역주의와 유치산업론

① 국내 산업 중 지금은 초기단계이나 일정기간 지난 후 충분히 경쟁력을 갖출 수 있을 것으로 판단되는 산업 → 일정기간 보호해 주어야 한다는 주장

② 모든 산업에 대해 보호무역 주장하는 것이 아님

③ 규모의 경제, 학습효과 등을 통해 경쟁력 확보 가능

④ but, 유치산업 보호시 선별, 로비, 도덕적 해이 등의 문제 발생 가능

참고 신보호무역주의

① 1970년대 대두된 선진국의 보후무역주의 경향

② 선진국의 사양산업이 보호대상

③ 비관세 장벽 사용 → 반덤핑조치, 수출자유규제

116 관세효과

1. 관세의 개념과 종류

① 반덤핑관세: 정상가격 이하로 수입되는 덤핑행위에 부과

② 상계관세: 수출국이 장려금이나 보조금지급시 이를 상쇄하기 위해 부과

③ 보복관세: 상대국의 자국상품에 대한 관세부과에 대응하기 위해 부과

④ 긴급관세: 국내산업 보호를 위한 긴급한 조치 필요시, 특정수입품에 대해 부과

2 관세의 경제적 효과

① 소국은 총잉여가 항상 음(−)이나, 대국은 총잉여가 $E > (B+D)$이면 사회후생 증가 가능

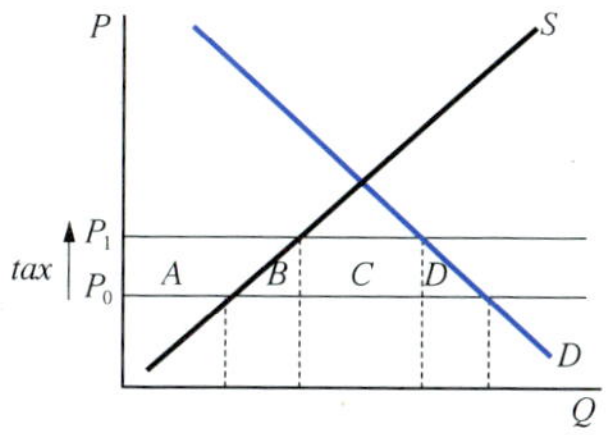

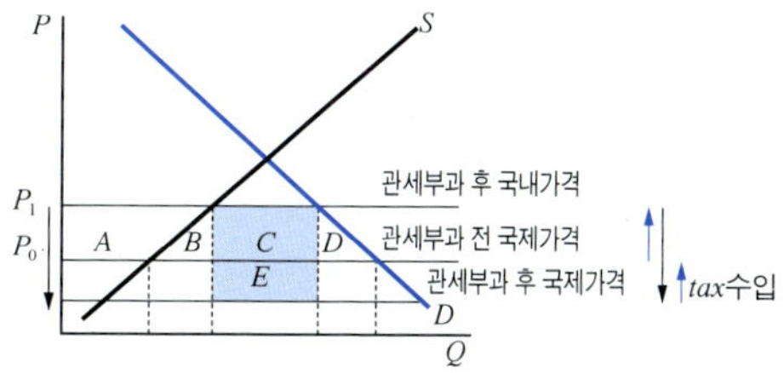

소비자잉여 생산자잉여 정부재정수입	$-(A+B+C+D)$ A C
총잉여	$-(B+D)$

소비자잉여 생산자잉여 정부 재정수입	$-(A+B+C+D)$ A $C+E$
총잉여	$E-(B+D)$

② 관세부과시 재정수입은 정부에, 수량할당시 수입업자가(∵수입허가권 할당으로 지대 획득), 수출자율규제는 외국 수출업자가 이득

3. 매츨러의 역설

수입재에 관세 부과 후 가격이 상승해야 하는데 오히려 하락하는 예외적인 현상

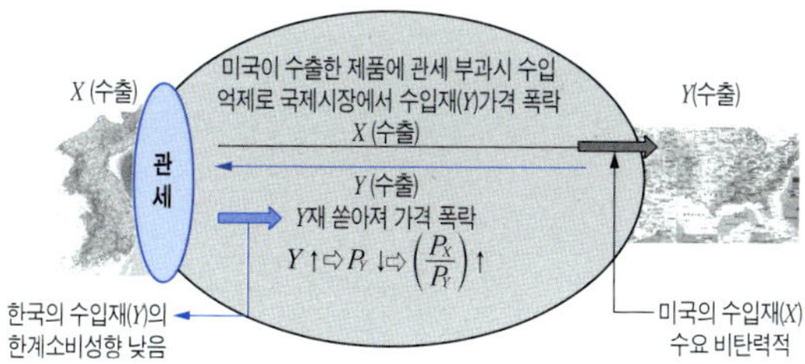

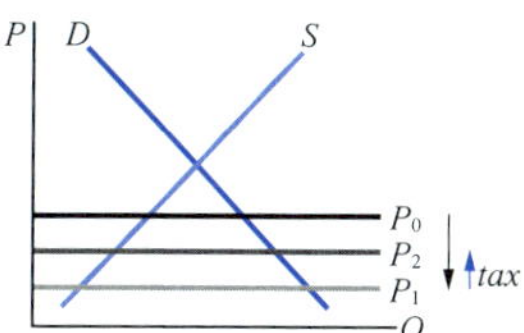

P_0 : 관세부과 전 국제가격
P_2 : 관세부과 후 국내가격
P_1 : 관세부과 후 국제가격

4. 마샬-러너 조건

■ 평가절하를 실시할 때(환율 인상) ⇨ 경상수지 개선 조건

(외국 물건이 비싸졌으므로, 한국은 수출품에 대한 가격탄력성이 크고, 미국은 싸진 우리 수출품의 가격에 매우 민감해야 한다는 의미

→엄밀하게는 양국 수입수요(Y재)에 대한 가격탄력성의 합이 1보다 커야 함을 의미

117 비관세 장벽

1. 비관세 장벽 종류

① 수량할당 : 특정 상품의 수입을 일정량 이상 금지시키는 제도
② 수출자율 규제
③ 수입과징금
④ 수출 보조금
⑤ 수업허가세 : 수입 품목에 대하여 정부의 허가 필요

2. 관세 vs 수량할당 vs 수출자율규제

① 기본적인 효과는 동일
② 관세부과시의 재정수입 귀속의 차이
- 관세 : 정부
- 수량할당 : 수입업자 → 지대추구 행위가 발생할 가능성이 있음
- 수출자율규제 : 외국의 수출업자

참고 관세동맹 효과

(1) 무역창출효과 (+)
① 관세동맹으로 무역기회 증가
② 재화의 공급선이 효율적인 국가로 바뀌어 효율성 증가
(2) 무역전환효과 (−)
관세 철폐로 효율적인 역외국가에서 비효율적인 역내국가로 전환 (비효율적)
※ 무역창출효과(+) > 무역전환효과(−) = (+)

118 보조금 부과 효과

1. 수출보조금 배경

정부가 수출을 촉진하기 위해 수출품에 지급하는 보조금

2. 경제적 효과

(1) 수출국 조건과 수출량 크기

① 국제시장가격이 국내시장가격보다 높은 경우($P_w > P_d$) 수출국이 됨

② 보조금 지급 이전에는 수출량이 $Q_1 \sim Q_2$

(2) 수출보조금의 지급 효과

① 수출가격 상승 : 정부가 수출품에 대해 단위당 만큼 보조금 지급시 수출가격은 P_s로 상승 (국내가격도 같은 크기인 P_s로 상승)

② 수출량 증가 : 가격상승으로 국내 소비량은 Q_3로 감소, 생산량은 Q_4로 증가, 수출량 $Q_3 \sim Q_4$로 증가

(3) 사회후생의 변화

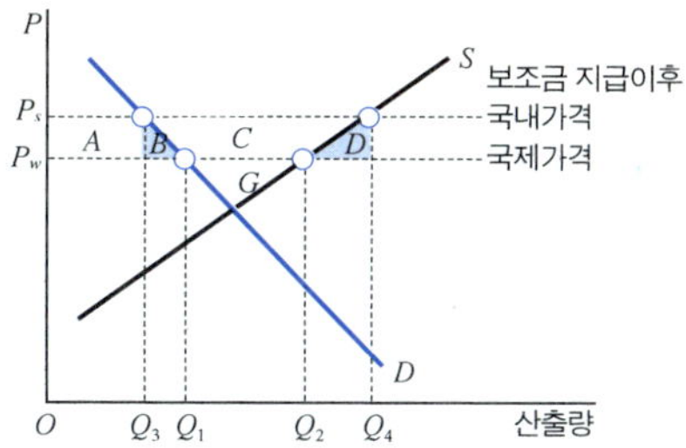

소비자 잉여 변화분	$-A-B$
생산자 잉여 변화분	$A+B+C$
정부 잉여 변화분	$-B-C-D$
총잉여 변화분	$-B-D$

(4) 대국이 수출보조금 지급시 교역조건 변화

대국인 경우 수출보조금의 지급은 수출량의 증가로 수출품의 국제가격 하락으로 인한 교역조건 악화

119 환율과 환율제도

1. 환율

(1) 개념

① 자국 화폐와 외국화폐의 교환비율

② 환율 상승 → 외국 돈의 화폐가치 상승

(2) 명목환율과 실질 환율

실질 환율은 재화간의 상대가격 의미

$$E = \frac{eP_f}{P}$$

2. 평가절상과 평가절하

평가절하(환율 인상)	평가절상(환율 인하)
▪ 수출증가 ▪ 수입감소 ▪ 국내경기 활성화 ▪ 외채부담 증가 ▪ 국제수지 개선	반대

3. 환율상승 의미와 요인들

(1) 의미

환율이 상승하면 우리나라 사람이 치러야 하는 외국상품의 가격은 종전보다 비싸짐

(2) 환율 상승 요인들

① $P\uparrow$: 수출품의 가격이 더 싸짐

② $P_f\downarrow$

※ 국내 인플레이션과 해외 인플레이션의 차이만큼 환율이 상승한다는 것이 구매력 평가설

③ 국내 경기 호황

④ 이자율 하락 : ₩의 가치가 하락하는 경우

⑤ 확대통화정책/긴축재정정책 → $r\downarrow$ → e상승

※ 확대통화정책은 물가와 총소득을 상승시키는데 이것은 환율 상승을 가져옴

(but, 단기에는 대체로 이자율 변화의 효과가 크다)

⑥ 환율 상승 예상 : 기대의 자기 충족적(self-fulfilling) 현상

경상수지 흑자	+	평가절하수출증가 → GDP, 고용증가
	–	경기위축으로 인한 수입감소일수도 있음 (자본재나 원자재의 비중이 크면 산업활동에 큰 영향)
경상수지 적자	+	투자지출 증가
	–	민간저축 감소(과소비), 정부저축 감소(재정적자) → 지속적이면 외채 누적으로 위기초래

4. 환율제도의 비교

고정환율 제도	변동환율 제도
▪ 해외 교란요인이 국내로 쉽게 전파 ▪ 국제수지 변화는 통화량 변화 → 금융정책의 자율성 상실 ▪ 환율이 고정되어 투기적 자본이동 작음	▪ 국제수지 불균형은 환율이 조정 → 금융정책의 자율성 유지 ▪ 환투기로 인한 단기 자본이동 많음

5. 국제통화제도

금본위제도	고정환율제도 금의 유출입에 따라 국제수지 자동 조정 국내 경기 불안정
브레튼우즈 체제(1944)	금환본위제 : $를 기축통화로 한 금환본위제 조정가능 고정환율제도 특별인출권(SDR) : 국제 유동성 메우기
스미소니언 협정	브레튼우즈 체제 붕괴 → 달러 이외 기축통화 도입, 환율변동폭 확대
킹스턴 체제	변동환율제도 금 · 달러본위에서 SDR 본위로 이행

120 구매력평가설과 이자율 평가설

1. 구매력 평가설(Purchasing Power Parity: PPP)

(1) 개념

① 환율은 양국의 구매력에 의해서 결정된다는 이론

② 환율변화율은 양국의 인플레이션율 차이와 같음

③ 일물일가 법칙을 적용 ⇨ 장기에 적합

(2) 환율 결정

절대적 구매력가설	상대적 구매력 가설
$e = \frac{P}{P_f}$	$\frac{\Delta e}{e} = \frac{\Delta P}{P} - \frac{\Delta P_f}{P_f}$

(3) 문제점과 평가

① 수송비, 관세 등 고려하지 않음

② 무역의 대상이 아닌 비교역재가 많이 존재

③ 환율결정요인을 물가만 고려

④ 장기적인 환율변화 추세 잘 반영

2. 이자율 평가설(interest rate parity theory)

(1) 개념

$$r = r_f + \frac{e^e_{t+1} - e_t}{e_t} = r_f + \frac{\Delta e}{e}$$

① 이자율 평가설은 양국 간의 명목이자율 차이와 환율의 기대변동률 반영
→ 국내이자율과 해외 이자율의 차이만큼 환율의 기대변동률이 결정됨

② 구매력 평가설이 경상수지 관점이면 이자율 평가설은 자본수지 관점

(2) 환율변화 요인

① 국내이자율의 상승 : 자본유입 → 환율 하락

② 미래 예상환율의 변동 : 미래 예상환율이 하락시 한국 투자의 기대수익률 상승

121 국제수지균형과 국제수지표

1. 국제수지표

(1) 경상수지

① 상품수지 : 재화 및 원자재의 수출과 수입

② 서비스 수지 : 가공서비스, 운송·여행·건설·보험·금융서비스, 지적재산권 사용료

③ 본원소득수지 : 단기체류 근로자의 급료 및 임금, 해외투자에 따른 배당금 및 이자의 지급

④ 이전소득수지 : 무상원조, 기부금과 구호물자, 친척에 대한 송금 및 국제기구 출연금

(2) 자본수지 : 자산소유권의 무상이전, 채권자에 의한 채무면제, 브랜드네임, 상표 등 마케팅 자산과 무형자산

(3) 금융계정 : 직접투자, 증권투자, 파생금융상품, 기타 투자, 준비자산

(4) 오차 및 누락

참고 국제수지표의 구성

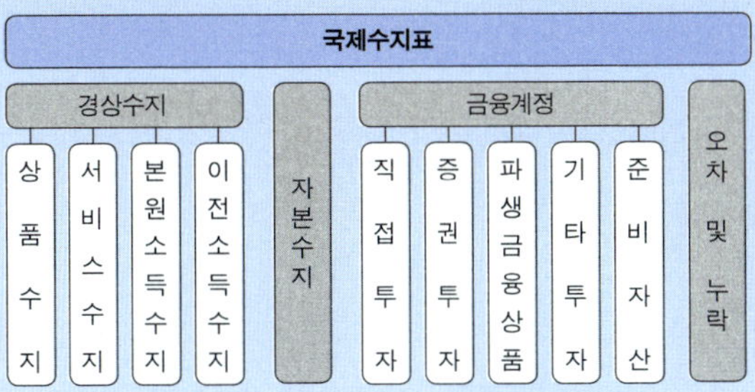

- 국제수지표는 복식부기의 원리에 따라 하나의 대외거래가 발생하면 대변과 차변에 각각 동일한 금액을 계상
- 차변에는 상품 수입, 서비스 지급, 이자·배당금 지급이나 금융자산 증가, 금융부채 감소 등을 기록하고 대변에는 상품 수출, 서비스 수입, 이자·배당금 영수, 금융자산 감소, 금융부채 증가 등을 계상

〈복식부기 원리에 따른 국제수지 거래의 기장〉

구분	차변(Debit)	대변(Credit)
경상수지	상품 수입(실물자산 감소) 서비스 지급(제공받음) 본원소득 지급 이전소득 지급	상품 수출(실물자산 감소) 서비스 수입(제공) 본원소득 수입 이전소득 수입
자본수지	자본이전 지급 비생산 · 비금융자산 취득	자본이전 수입 비생산 · 비금융자산 처분
금융계정	금융자산 증가 금융부채 감소	금융자산 감소 금융부채 증가

2. 국제수지 균형과 불균형

(1) 경상수지와 자본금융계정

① 경상수지와 자본수지(자본금융계정)를 합하면 항상 0이 되어야 함

→ 경상수지가 흑자이면 같은 크기만큼 순자본유출(음의 순자본유입)이 이루어짐

② 경상수지가 흑자이면 금융계정이 순자산 증가로 나타나고, 증가된 순자산은 외국에 빌려주거나, 해외 직접투자, 증권투자로 사용

③ 우리 기업이 수출로 100달러를 현금으로 받으면 금융계정의 자산 증가
원자재 수입으로 달러를 지급하면 금융계정에 부채증가로 기록

(2) 경상수지와 국내총생산

① 지출국민소득에서 $Y=C+I+G+(X-M)=A+(X-M)$

② A를 압솝션(Absorption)이라고 해서 일정기간 국내외에서 생산된 재화 및 서비스에 대한 총지출액을 의미

③ $(X-M)=Y-A$로 $Y>A$이면 생산액>지출액이 되어 경상수지 흑자
→ 경상수지 흑자를 줄이기 위해서는 총지출액을 증가시켜야 함(확장 정책)

④ 경상수지 흑자가 경기위축으로 인한 수입 감소 때문이라면 국내고용과 국내총생산에 별 도움이 안 되어 바람직한 현상은 아님에 주의

(3) 경상수지와 저축 및 투자

$$(X-M)=(S_P+S_G)-I=(S_P-I)+(T-G)$$

① 경상수지 적자($X-M<0$)는 과소비로 인한 민간저축감소, 정부저축감소(재정적자), 투자의 증가가 요인

② 쌍둥이 적자는 재정적자와 경상수지 적자가 동시에 발생

122 마샬러너조건과 J-커브효과

1. 마샬-러너 조건

(1) 개념

① 환율인상을 실시할 때 경상수지가 개선되기 위해서는 양국의 수입수요의 가격탄력성의 합이 1보다 커야 한다는 조건

$$\varepsilon_M + \varepsilon^*_M > 1$$

② 자국의 수입수요의 가격탄력성 + 외국의 수입수요 가격탄력성 > 1
(= 수출 공급의 가격탄력성)

(2) 환율 변화가 경상수지에 미치는 영향*

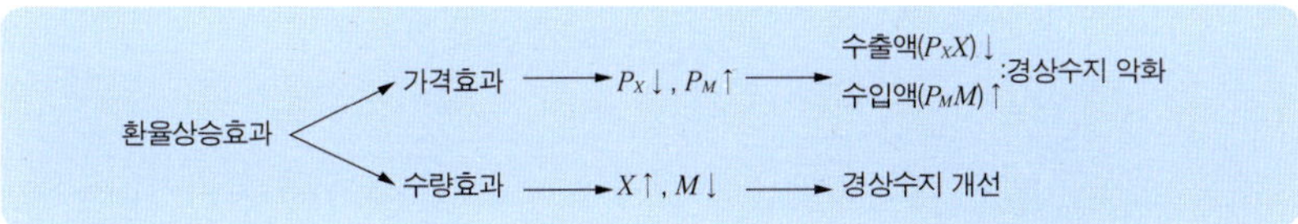

* 실질환율 상승에 따른 경상수지 개선은 주어진 환율상승에 대해서 수출량의 증가폭과 수입량의 감소폭이 큰 경우에 가능

→ 그러나 실제로 환율이 상승하면 가격 변화가 먼저 일어나고 자국화폐로 표시한 수입품의 가격(P_M)는 즉시 상승하지만, 수출량과 수입량의 변화에는 상당한 시간이 소요

→ 처음에는 오히려 경상수지가 악화되고, 시간이 얼마 흐른 뒤 수출량이 증가하고, 수입량은 감소하여 경상수지의 개선의 효과가 나타남

2. J-커브 효과

(1) 개념

환율인상을 실시 → 일시적으로 경상수지가 악화되다가 시간이 지남에 따라 개선

(2) 발생이유

① 가격과 수량의 시차 효과

② J-커브 효과는 단기적으로 마샬-러너 조건 성립 안함 의미

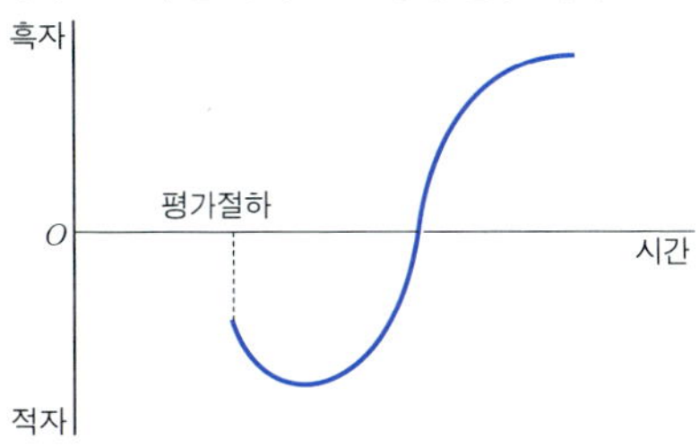

123 IS-LM-BP(먼델플레밍 모형)

1. 개방경제의 대내균형

(1) 개방경제의 IS곡선

$$Y = C(Y-T) + I(r) + G + X\left(Y_f, \frac{eP^f}{P}\right) - M\left(Y, \frac{eP^f}{P}\right)$$

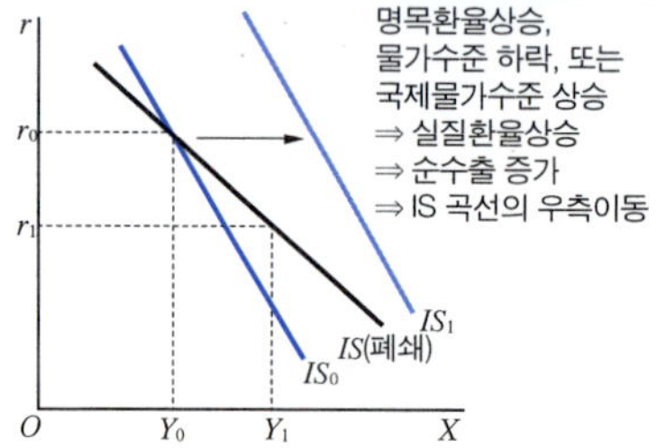

■ 더 가파른 기울기
: 소득이 증가하면 외국에서 수입도 증가하여 국내의 총수요증가분 효과가 감소
→ 더 많은 투자증대가 요구되어 이자율이 더 크게 하락해야 함

(2) 개방경제의 LM곡선

$$\frac{M^S(BP)}{P} = \frac{M^d}{P}(Y, r)$$

① 국제수지 흑자(BP>0) → (수취외화>지불외화)

→ 내국인들이 수취한 외화를 국내통화로 교환하는 과정에서 화폐공급량이 증가

② 변동환율제도

환율에 의해서 외환의 수요와 공급이 항상 일치

→ 외환 매입시 감소하는 국내통화량과 외환 매도시 증가하는 국내통화량이 항상 일치 (국내통화량은 국제수지 불균형에 영향을 받지 않음)

⇒ ∴ 개방경제 LM곡선 = 폐쇄경제하의 LM곡선

③ 고정환율제도

화폐공급은 국제수지 불균형에 영향을 받음

국제수지 흑자(BP > 0) →중앙은행의 자국 통화매도, 외화 매입 → 통화량이 증가 → LM우측

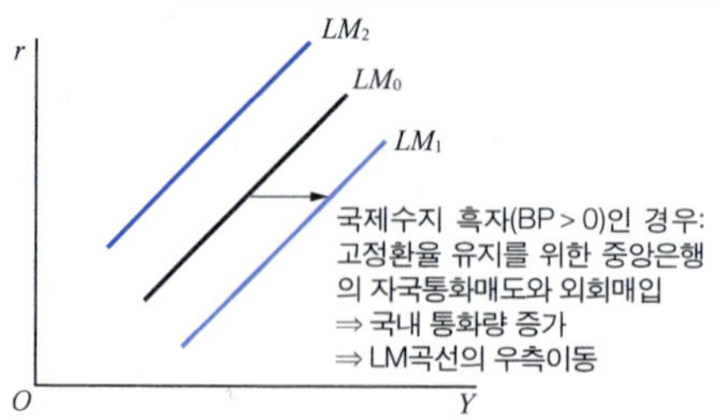

2. 대내균형과 국제수지균형

(1) 국제수지 균형: BP곡선

$$BP = X(Y^f, \frac{eP^f}{P}) - M(Y, \frac{eP^f}{P}) + F(r - r^f)$$

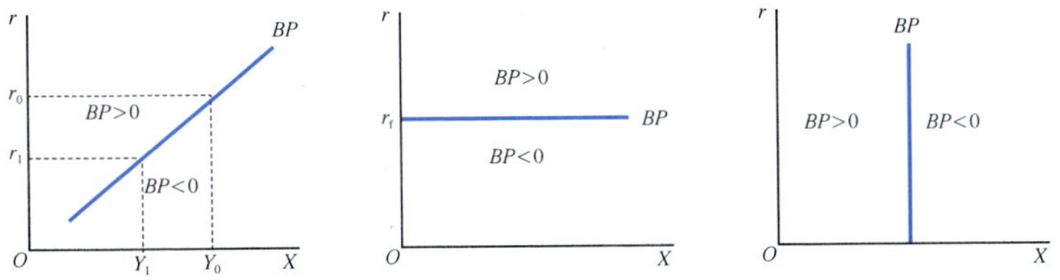

(a) 불완전한 자본이동 | (b) 완전한 자본이동 | (c) 자본 통제

자본이동이 불완전한 경우-우상향
: 소득의 증가
수입증가에 따른 경상수지의 악화
자본수지의 호전에 의해 국제구지균형을 회복하기 위해 국내이자율이 상승해야 함.

자본이동이 완전한 경우-수평
: 국내와 국제이자율이 일치할 때 국제수지균형
(주어진 국제이자율(r^f)수준에서 수평)

자본이동이 완전통제된 경우-수직선
: 국제수지 = 경상수지이므로 이자율에 영향을 받지 않음. (*BP*곡선은 이자율에 관계없이 경상수지를 0으로 만드는 소득수준에서 수직)

(2) IS-LM-BP곡선

$$Y = C(Y - T) + I(r) + G + X(Y^f, \frac{eP^f}{P}) - M(Y, \frac{eP^f}{P})$$

$$\frac{M^S(BP)}{P} = \frac{M^d}{P}(Y, r)$$

$$BP = X(Y^f, \frac{eP^f}{P}) - M(Y, \frac{eP^f}{P}) + F(r - r^f)$$

변동환율제도	고정환율제도
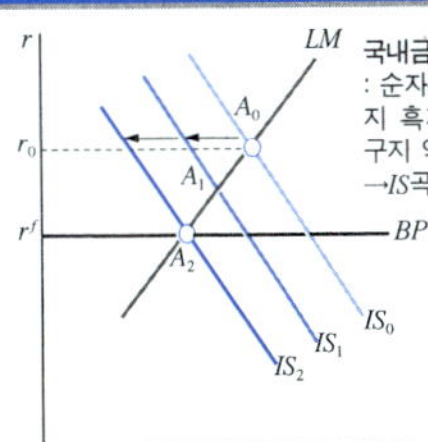 국내금리>국제금리 : 순자본유입에 따른 국제수지 흑자→환율 하락→경상구지 악화 또는 순수출 감소 →*IS*곡선의 좌측 이동	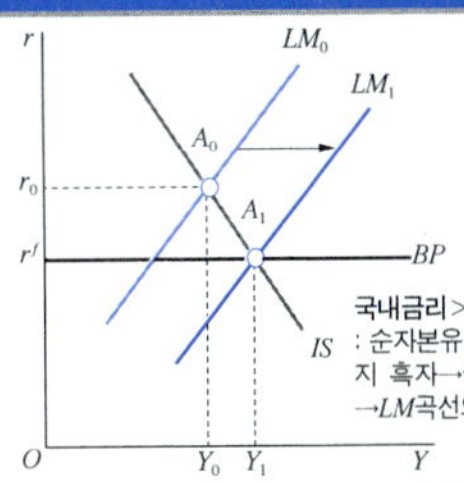 국내금리>국제금리 : 순자본유입에 따른 국제수지 흑자→국내통화량 증가 →*LM*곡선의 우측이동
■ 변동에서는 환율이 내생적으로 결정되어 국제수지는 항상 균형**을 이루어 BP = 0의 수준에서 변하지 않음 → 해외부문이 국내통화량에 영향× → 환율이 순수출에 영향을 미쳐 IS곡선이 내생적으로 변화함	■ 환율이 정부가 조정할 수 있는 정책변수로서 외생적으로 결정되는 반면에 국제수지는 경제 상황에 따라서 적자나 흑자를 이루며 변화가능 (변동에서는 환율변화만이 대내균형에 영향을 미치나 고정에서는 환율과 국제수지가 모두 대내균형조정에 영향을 미침)

** 변동에서 국제수지가 항상 균형이라고 할지라도 경상수지와 자본수지가 각각 항상 균형인 것은 아니다. 만일 국내이자율이 국제이자율 수준보다 높다면 자본수지는 흑자, but 자본유입에 따라 환율이 하락하면 경상수지는 적자가 된다.
→ 그래도 외환시장에서 환율이 내생적으로 조정되어 자본수지 흑자폭과 경상수지 적자폭이 일치하여 국제수지는 항상 균형이 된다.

※ 자본통제가 존재할 때 고정환율제도

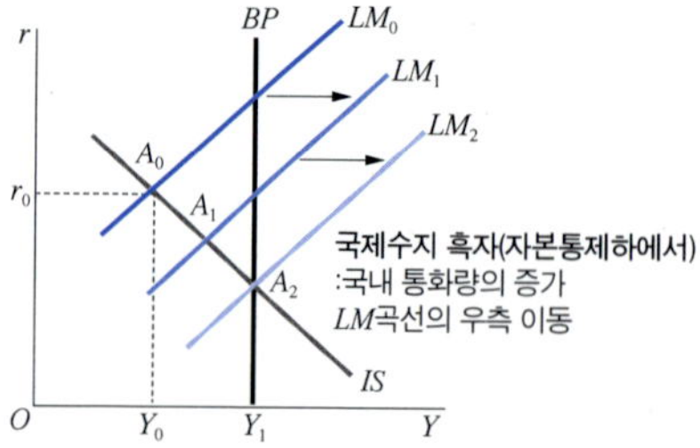

■ $BP = X(Y^f, \frac{eP^f}{P}) - M(Y, \frac{eP^f}{P})$

: 소득(Y)에만 의존, r은 영향없음

3. 개방경제의 거시경제정책

(1) 변동환율제도

재정정책	금융정책
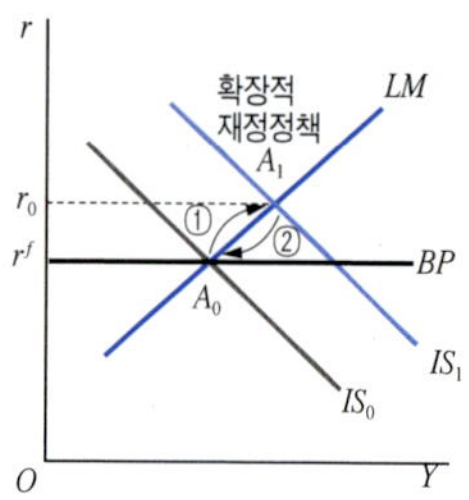 국내금리>국제금리 →순자본유입에 의한 →국제수지 흑자 →환율 하락 →경상수지 악화 →IS곡선의 좌측 이동	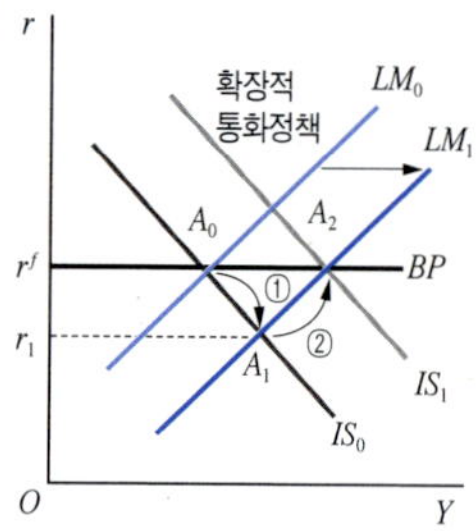 국내금리<국제금리 : 순자본유출에 의한 국제수지 적자 →환율의 상승 →경상수지 호전 →IS곡선의 우측이동

(2) 고정환율제도

재정정책	금융정책
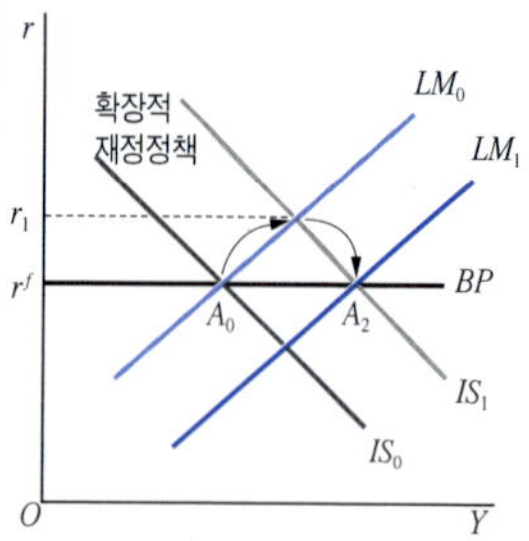 국내금리>국제금리 : 순자본유입에 의한 국제수지 흑자 →국내통화량의 증가 →LM곡선의 우측이동	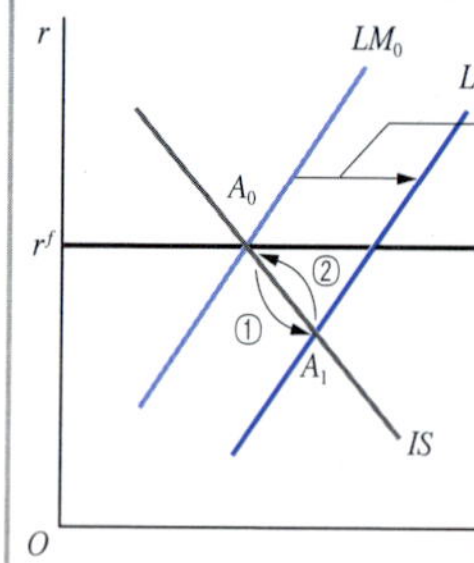 확장적 통화정책 국내금리<국제금리 : 순자본유출에 의한 국제수지 적자 →국내통화량의 감소 →LM곡선의 좌측이동

참고 **환율정책 → 고정환율정책에서만 의미**

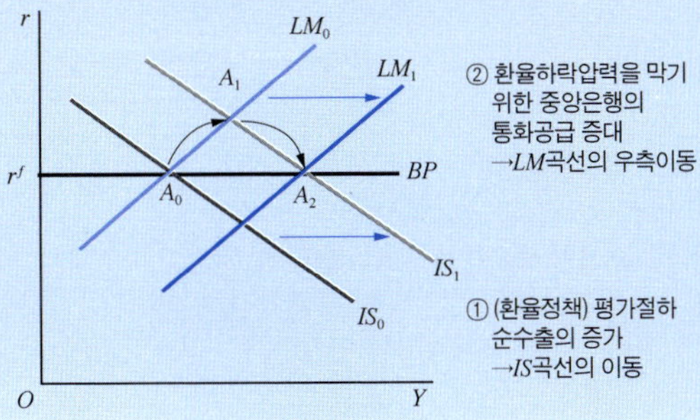

저자약력

장선구

성균관대학교 경제학과 졸업
성균관대학교 경제학 박사
한국경제학회 종신회원
(전) 웅지세무대학교 회계정보학과 교수
(전) 동국대학교 입학사정관
(현) 성균관대학교 경제학과 겸임교수
(현) 성균관대학교 국립외교원 모의고사 출제 및 특강
(현) 에듀윌 경영 아카데미 CPA 경제학, CTA 재정학 강의
(현) 프라임 법학원 노무사 노동경제학, 감정평가사 경제학 강의
(현) 렛유인 공기업 경제학 강의
(현) 공단기 경제학 강의
(현) 유니스터디 경제학 강의
(저서) 와이드 경제학 4판(비앤엠북스)
정석미시경제론(비앤엠북스)
정석거시경제론(비앤엠북스)
원샷123 객관식경제학(비앤엠북스)
경제학 그래프 계산특강(비앤엠북스)
현대경제학(율곡출판사) 외 다수
(유튜브채널) 경제학짱박사

저자와의
협의하에
인지생략

원샷123 경제학 핵심이론 정리 [제3판]

2016년 02월 03일 초판 1쇄 발행
2020년 11월 24일 2판 2쇄 발행
2023년 01월 30일 3판 인쇄
2023년 02월 07일 3판 1쇄 발행

저 자 : 장 선 구
발행인 : 정 광 식
발행처 : **비앤엠북스**
서울특별시 금천구 가산디지털1로 70 B1-103
등 록 2004. 12. 29. / 제313-2004-00298호
전 화 2627-5710~13, 팩스 2627-5720
홈페이지 www.대학교재.net
이 메 일 bnmbook@daum.net

가격 16,000원

ISBN 978-89-6821-180-5